Erik van Ruysbeek / Marcel Messing
Das Thomasevangelium

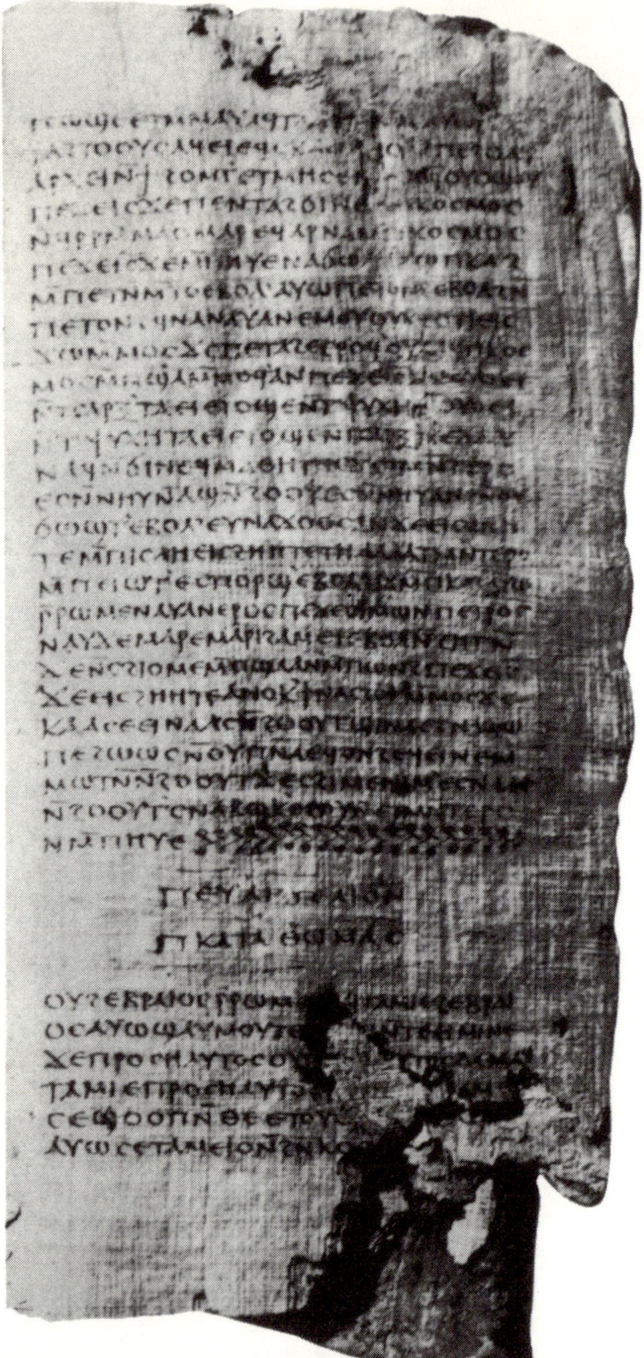
ⲠⲈⲨⲀⲄⲄⲈⲖⲒⲞⲚ
ⲠⲔⲀⲦⲀ ⲐⲰⲘⲀⲤ

Erik van Ruysbeek / Marcel Messing

Das Thomasevangelium

Seine östliche Spiritualität

Patmos

Originalausgabe: E. van Ruysbeek / M. Messing, Het Evangelie van Thomas,

Ins Deutsche übertragen von Eva Thielen.

Bibliographische Information der Deutschen Bibliothek
Die Deutsche Bibliothek verzeichnet diese Publikation
in der Deutschen Nationalbibliographie;
detaillierte bibliographische Daten sind im Internet
über http://dnb.dde.de abrufbar.

Druck / Bindung: Grafo S. A., Spanien
ISBN 3-491-69404-3
www.patmos.de

Inhalt

I. Teil

Einführende Betrachtung

von Marcel Messing

Nag Hammadi im Scheinwerferlicht

Was zunächst einem erlesenen Kreis von Gelehrten, hauptsächlich Theologen, Philologen und Religionshistorikern, vorbehalten zu sein schien, ist seit einiger Zeit durch die Medien einem breiteren Publikum zugänglich gemacht worden. In Europa und den Vereinigten Staaten wird es kaum einen Fernseh- oder Rundfunksender geben, der in den vergangenen Jahren keine Sendung über *Gnosis* und *Gnostiker* gebracht hätte. Auch Zeitungen und Zeitschriften blieben nicht unbeteiligt und veröffentlichten oft seitenlange Artikel über die Geschichte der Gnosis. Und auf ihren Ruf bedachte Buchhandlungen füllten die Regale ihrer theologischen Abteilungen schon bald mit den unterschiedlichsten Büchern zum Thema Gnosis. Was seit Jahrhunderten verborgen blieb oder unterdrückt wurde, scheint jetzt in aller Munde zu sein.

Viele kennen heute das Wort Gnosis und wissen, was es mit dem mittlerweile berühmt gewordenen Fund von 1945 in Nag Hammadi (einem Ort in Oberägypten) auf sich hat. Natürlich lassen sich Informationen über den Begriff Gnosis nicht mit der Gnosis selbst vergleichen, doch wichtig ist, daß die Medien begonnen haben, die Öffentlichkeit über eine verfolgte und totgeschwiegene Tradition aufzuklären.

Der Fund von Nag Hammadi scheint die Bedeutung der 1947 in den Höhlen der judäischen Wüste durch «Zufall» entdeckten Schriftrollen vom Toten Meer zu übertreffen. Im Gegensatz zu diesen Schriftrollen vom Toten Meer, denen schon bald nach ihrer Entdeckung große Aufmerksamkeit zuteil wurde, erregten die zwei Jahre zuvor aufgefundenen Texte von Nag Hammadi erst viel später das Interesse der wissenschaftlichen Welt. Der Fund der Schriftrollen vom Toten Meer (auch Qumran-Rollen genannt) wurde als *der wichtigste Handschriftenfund des Jahrhunderts* bezeichnet, weil diese Manuskripte das frühe Christentum in ein neues Licht rückten und einen Bezug zu der Lebensweise der Qumran-Gemeinschaft, einer jüdischen Sekte, herstellten. *Heutzutage* gilt der Fund von Nag Hammadi als der wichtigste gnostische Handschriftenfund unseres Jahrhunderts, weil wir durch ihn Näheres über das gnostische Christentum erfahren können.

Der Nag-Hammadi-Fund ist noch immer Gegenstand heftiger Diskussionen. Die Brisanz dieses Materials bietet jungen Wissenschaftlern genügend Themen für Promotionsarbeiten. Zwischen dem Fund der Schriftrollen vom Toten Meer und dem von Nag Hammadi gibt es gewisse Parallelen. Beide kamen nicht nur «durch Zufall» zustande, sondern versetzten die religiöse Welt auch in heftige Erregung, wenngleich Rom nichts unversucht ließ und läßt, die Funde mit dem Mantel der Vergessenheit zu bedecken, und nur sehr zurückhaltend reagierte.

Tiere scheinen bei wichtigen Funden nicht selten eine Rolle zu spielen. Doch im Gegensatz zum Menschen, der nichts Eiligeres zu tun hat als sich die Rolle des Finders anzueignen, bleibt ihr Name meistens unbekannt und ihre Geschichte beschränkt sich lediglich auf die Erwähnung der Gattung.

An der Entdeckung der Höhlen von Lascaux war ein Hund beteiligt, an dem Fund der Schriftrollen vom Toten Meer eine Ziege. Es war im Winter 1946/47, als drei Beduinen des Stammes Ta'amireh in der Nähe von Jericho Ziegen hüteten. Eine der Ziegen entfernte sich von der Herde – die Geschichte erinnert an das eine große Schaf, das die 99 anderen verließ – und suchte das Weite. Einem guten Hirten gleich, machte sich Muhammad adh-Dhib, dessen Name ironischerweise «der Wolf» bedeutet, auf die Suche nach der Ziege, die er unmittelbar vor der Öffnung einer Höhle neugierig schnuppernd vorfand. In dieser Höhle entdeckte man zehn große Krüge, von denen acht leer waren. In dem einen der beiden vollen Krüge befand sich rote Erde, und in dem anderen waren drei Buchrollen versteckt. Später versuchte man, der Ziege die ihr gebührende Ehre des Finders zu nehmen, indem man verbreiten ließ, daß in den Höhlen bei Qumran schon lange nach Gold gesucht worden sei.

Bald danach beginnt die aufsehenerregende Geschichte der Schriftrollen vom Toten Meer. Islamische Geistliche befaßten sich damit, Klöster wurden eingeschaltet, Bischöfe intervenierten, ja sogar Erzbischöfe der christlichen Ostkirche wurden hinzugezogen, und zu guter Letzt traten natürlich die Händler und Käufer auf den Plan. Die Regierung erhob Ansprüche, örtliche und nationale Behörden wurden aktiv, Archäologen, Handschriftenforscher und eine Reihe von Professoren und geistlichen Würdenträgern diskutierten schon bald die Wichtigkeit des Fundes. Die Ziege war mittlerweile wieder zu ihrer Herde zurückgekehrt.

Nach einer Weile wurde die Geschichte publik. Man sprach davon, daß ein wichtiger Handschriftenfund gemacht worden sei, der das Christentum möglicherweise in ein ganz anderes Licht rücken könnte. Mittlerweile hatte man in der judäischen Wüste, unweit der am Nordwestufer des Toten Meeres gelegenen Ruinen von Qumran, an verschiedenen Stellen neue Handschriften entdeckt. Auf die Einstellung des Christentums hatte der Fund keinen Einfluß. Die Masse der

Gläubigen ging ihren gewohnten Weg vom Sakrament der Taufe bis zum Sakrament der Letzten Ölung, und nur die Experten konnten es sich leisten, über diesen Fund endlose Diskussionen zu führen.[1]

Der Fund von Nag Hammadi hatte anfangs eine ähnliche Geschichte aufzuweisen, doch wissenschaftliche Ambitionen und das Tauziehen zwischen unterschiedlichen Behörden und Händlern führten dazu, daß diese bedeutende Entdeckung erst in den letzten Jahren in der breiten Öffentlichkeit bekannt geworden ist.

An dem Fund von Nag Hammadi waren einige einfache Bauern und ihre Kamele beteiligt. Der offizielle Finder ist hier ebenfalls ein Mann mit dem Namen Muhammad: Muhammad 'Alî al-Sammân. In einem Fernsehgespräch mit dem niederländischen Religionshistoriker Prof. Gilles Quispel erzählte er im November 1989 recht steif und schüchtern, wie es zu dem Fund gekommen war. Muhammad war mit seinen Brüdern auf Kamelen nach Jabal geritten, um dort *sabakh* zu suchen, rote, lockere, fruchtbare Erde, die als Dünger verwendet wird. Als sie in der Nähe eines Felsens zu graben begannen, stießen sie schon nach kurzer Zeit auf einen Krug.

Ob ein *jinn* darinnen sei? Ein Geist? Oder vielleicht Gold? Mit einer Hacke zerschlug man den Krug. Ans Tageslicht kamen dreizehn *Kodizes,* in Leder gebundene Papyrusbücher. Kein *sabakh,* leider, sondern alte Bücher, geschrieben in koptischer Sprache (der jüngsten Form der ägyptischen Sprache) mit griechischen und demotischen Buchstaben. Für Analphabeten nicht besonders interessant.

In der Antike war es nicht ungewöhnlich, alte Schriften in Krügen aufzuheben. Schon 3000 v. Chr. war es in Mesopotamien üblich, beschriebene Lehmtafeln in Tongefäßen aufzubewahren. Der Prophet Jeremia gab seinem Schüler Baruch noch 588 v. Chr. versiegelte und offene Urkunden, mit dem Auftrag, sie in ein Tongefäß zu legen, damit sie lange Zeit erhalten bleiben würden (Jer 32, 14). In Ägypten kannte man ebenfalls die Tradition, Papyrusrollen in Krügen aufzuheben.

Da Muhammad warme Hände und Füße wichtiger fand als die von ihm entdeckten Nag-Hammadi-Texte, deren Wert er natürlich auch nicht einschätzen konnte, verschwanden einige Papyrusrollen im Ofen.

Aus Angst, die Polizei könnte sein Haus durchsuchen (wegen eines einige Wochen nach dem Fund von ihm und seinen Brüdern begangenen Rachemordes), wurde der Priester al-Qummus Bâsîliyus Abd al-Masîh ins Vertrauen gezogen, dem man einige Manuskripte zur Aufbewahrung gab. Danach fielen sie einem Geschichtslehrer in die Hände, der den Wert der Handschriften erkannte und damit an die Öffentlichkeit ging. Was folgte, waren Aktivitäten von geistlichen und weltlichen Behörden, von Antiquitätenhändlern, von Professoren und Mitarbeitern des Koptischen Museums und vielen anderen. Ehe die Öffentlichkeit überhaupt einen Blick auf diese Manuskripte werfen durfte, war schon einiges geschehen, was dem Inhalt mancher Schriften ganz und gar nicht entsprach.

Wer sich für die Geschichte des Fundes und den weiteren Verlauf interessiert, sollte das ausgezeichnete und ausführliche Buch von Prof. Dr. Elaine Pagels mit dem Titel *Versuchung durch Erkenntnis. Die gnostischen Evangelien*[2] lesen.

Das Koptische Museum kaufte zehneinhalb Kodizes. Der dreizehnte Kodex wurde aus Ägypten herausgeschmuggelt und tauchte später in Amerika auf.

Mit Unterstützung der Jung-Stiftung in Zürich gelang es

Prof. Gilles Quispel*, diesen Kodex zu erwerben, in dem, wie sich später herausstellte, einige Seiten fehlten. Im Frühjahr 1955 flog Quispel nach Ägypten, um die fehlenden Seiten zu suchen. Es wurden ihm einige Fotos der entsprechenden Texte zur Verfügung gestellt, und in seinem Hotelzimmer entzifferte er zu seinem großen Erstaunen:

Dies sind die geheimen Worte, die Jesus der Lebendige sprach und die Didymus Thomas aufgeschrieben hat.

Schon Prof. H. Ch. Puech, dem die Notizen von Prof. Jean Doresse vorlagen, hatte diese Zeilen als die Anfangszeilen eines griechischen Fragmentes des um 1890 entdeckten *Thomasevangeliums* identifiziert.

Das *Thomasevangelium,* das als *fünftes Evangelium* angesehen werden kann, besteht aus 114 *Logien* (überlieferten Aussprüchen Jesu Christi), aus denen eine tiefe, stark östlich geprägte Weisheit spricht. Jesus erscheint uns in diesem Evangelium als ein Erleuchteter, der uns auf unser *ursprüngliches Antlitz* aufmerksam macht und uns dazu auffordert, in das *Königreich* einzugehen, in jenen Bewußtseinszustand, der jeder Dualität vorausgeht. Wie im ebenfalls apokryphen *Evangelium der Wahrheit* wird der Mensch nicht als sündig, sondern als *unwissend* betrachtet. Aus dieser Unwissenheit heraus entstehen Übel und Leid.

Das Thomasevangelium ist zweifellos einer der wichtigsten Handschriftenfunde unseres Jahrhunderts. Es enthält eine von der Orthodoxie völlig abweichende Jesus-Darstellung.

* Der niederländische Religionshistoriker Prof. Gilles Quispel war von Anfang an eng an der Bearbeitung dieses wichtigen Fundes beteiligt und weist seit Jahren in zahllosen Vorträgen und Veröffentlichungen auf die Bedeutung der Gnosis hin.

Der Text wurde von überladener gnostischer Terminologie befreit und hat keinerlei Bindung an eine äußere Autorität.

Außer dem *Thomasevangelium* wurden in Nag Hammadi noch 51 andere wichtige Schriften gefunden, z.B. *Das Gebet des Apostels Paulus; Das Evangelium der Wahrheit; Die Abhandlung über die Auferstehung; Das Apokryphon (das Geheime Buch) des Johannes; Das Philippusevangelium; Die Hypostase (das Wesen) der Archonten; Das Buch Thomas des Wettkämpfers; Das Ägypterevangelium; Die Weisheit des Jesus Christus; Der Dialog des Erlösers; Der Donner: der vollkommene Verstand; Plato, Der Staat 588B–598B; Asklepius* und *Die Paraphrase des Sem.* In diesem Kontext sei noch der *Papyrus Berolinensis* (der Berliner Papyruskodex) genannt, eine Papyrushandschrift aus dem 4. oder 5. Jahrhundert, als deren wahrscheinlicher Fundort ebenfalls Ober-Ägypten angenommen wird. Der Kodex enthält drei christlich-gnostische Werke: *Das Evangelium nach Maria, Das Apokryphon des Johannes* und *Die Weisheit des Jesus Christus* sowie einen nicht-gnostischen Text mit dem Titel *Die Tat des Petrus,* vermutlich ein Fragment der apokryphen *Petrusakten.* Da sich diese vier Handschriften im Berliner Museum befinden, spricht man vom *Papyrus Berolinensis. Das Apokryphon des Johannes* und *Die Weisheit des Jesus Christus* sind auch im Fund von Nag Hammadi enthalten.

Das *Thomasevangelium* deutet jedoch auf eine ganz eigene Tradition. Eine vollständige Ausgabe der Nag-Hammadi-Texte liegt in der von Prof. Dr. James M. Robinson edierten Sammlung *The Nag Hammadi Library in English* vor.[3]

Bei den ersten Kirchenvätern war das *Thomasevangelium* schon länger bekannt, doch diese fürchteten den starken Einfluß der Gnosis und setzten alles daran, die gnostische Tradition mit Stumpf und Stiel auszurotten. Auch die spätere Geschichte der Orthodoxie zeigt leider keine andere Haltung gegenüber der Gnosis. Ganz im Gegenteil.

Die Schlüssel der Gnosis versteckt

Jesus sprach:
Die Pharisäer und die Schriftgelehrten
haben die Schlüssel der Gnosis erhalten
und haben sie versteckt.
Sie sind nicht eingetreten,
und die, die eintreten wollten,
haben sie nicht hineingelassen.
Ihr aber, seid umsichtig wie die Schlangen
und rein wie die Tauben.

(Das Thomasevangelium, Logion 39)

Die Pharisäer repräsentieren nicht nur eine Priesterklasse, sondern symbolisieren auch jene Seite unseres Bewußtseins, die verstandesmäßiges Wissen, Gesetze und moralische Regeln für wichtiger hält als das Wissen des Herzens, das die Liebe aufblühen läßt wie Lilien auf dem Feld.

Nur wenige können ohne Gesetze und Vorschriften leben. Und nur wenige *erfüllen* die Schriften von innen heraus. Deshalb kann die Gnosis nicht hervorsprudeln wie eine zeitlose Quelle, die den Felsen des intellektuellen Wissens spaltet. Erleuchtete, Gnostiker und Mystiker transzendieren die Schriften. Obwohl sie sich ihrer bedienen können, benötigen sie sie nicht mehr für das eigene Leben. Sie sind daran vorbeigegangen.

Die Schlüssel der Erkenntnis liegen in zahllosen Weisheitsbüchern verborgen. Doch diese offenbaren ihre Bedeutung erst, wenn wir danach leben. Andernfalls empfangen wir zwar die Schlüssel, aber verbergen sie unter rationalen Motiven, die das Wissen des Herzens blockieren. Das vernunftmäßige Wissen verleiht in vielen Fällen Macht. Aber das Wissen, das durch das Herz erworben wurde, gebärt Weisheit, symbolisiert durch die Schlange. Das Wissen des Herzens macht sanftmütig, zärtlich, schuldlos, symbolisiert durch die Taube. Ein Gnostiker oder Mystiker droht nicht mit Hölle und Verdammnis. Bei ihm überwiegen Regeln niemals Mitgefühl und Liebe. Er spricht aus dem unergründlichen Dasein heraus, aus der Quelle allen Lebens. Die Orthodoxie berief sich lange Zeit auf das Kirchenrecht, auf Gesetze und Dogmen, auf Credos und Kanons, auf konziliare Erlasse und päpstliche Bullen. Auf diese Weise wurden die Schlüssel verborgen... Und dadurch konnten jene, die die Schlüssel verbargen, nicht in das *Königreich* eingehen und verwehrten denen, die eintreten wollten, den Zugang. Wo Dogmatismus vorherrscht, kann das Wissen des Herzens nicht aufblühen.

Jesus sprach:
Wehe den Pharisäern!
Sie gleichen einem Hund,
der im Futtertrog der Ochsen liegt:
Weder frißt er selbst
noch läßt er die Ochsen fressen.
(Das Thomasevangelium, Logion 102)

Harte Worte, die jedoch aus einem von Liebe erfüllten Herz hervorgegangen sind. Die Pharisäer wohnen in uns selbst. In uns selbst lauert das regulierende und trennende

Bewußtsein, das über alles mögliche urteilt, so daß sich der Zustand des *ungeteilten Gewahrens* nicht offenbaren kann, und wir nicht in das *Königreich*, in das Mysterium des Unergründlichen eingehen können.

Auf diese Weise gleichen wir in der Tat einem Hund, der es sich im Futtertrog der Ochsen bequem gemacht hat, während der Bauer noch im Stall herumhantiert. Der Hund schläft ein, frißt das Futter der Ochsen nicht, aber er läßt die Ochsen auch nicht fressen.

Viele der in Nag Hammadi gefundenen Schriften enthalten gnostische und hermetische Erkenntnisse. Die etablierte Orthodoxie konnte darauf nur mit Glaubensbekenntnissen, Hierarchie und Institutionalisierung reagieren, denn Gnosis ruft eine direkte *Erfahrung* hervor, die sich über jede Form von äußerer (also auch kirchlicher) Autorität hinwegsetzt.

Schon in der vorchristlichen Gnosis sind sämtliche Stationen des Dramas der menschlichen Seele verborgen: ihr Eintauchen in die stoffliche Welt, ihr Leiden und ihre Auferstehung. Ein Drama, das der in die Mysterien einzuweihende Kandidat *erlebte*. Diese Stationen sind, in allegorischer Weise, auch in den kanonischen Evangelien enthalten.

In der gnostischen Mythologie ist dieses Drama auf unterschiedliche Art und Weise verhüllt worden, oft vor dem Hintergrund eines Mythos. Das kosmische Drama des Menschen steht in Verbindung mit einer Reihe von Göttern, Kräften und Mächten, Engeln und Dämonen. Immer geht es darum, sich selbst in diesem Kräftefeld wiederzufinden, indem man jegliche Dualität überwindet. Dies wurde z.B. in den Gleichnissen von *der verlorenen Perle* und vom *verlorenen Sohn* auf symbolische Weise zum Ausdruck gebracht.[4]

Die meisten der in Nag Hammadi gefundenen Texte haben

einen mythologischen Rahmen und sind mit gnostischer Terminologie überladen. Nicht so das *Thomasevangelium*, das eine ganz eigene Tradition aufweist. Sie beruft sich nicht, zumindest nicht direkt, auf den bekannten Mythos des in den Staub hinabgefallenen *Lichtfunkens*, auch bekannt unter dem Namen *anima sensus, anima spiritus, Jesus patibilis* (der leidende Jesus - bei den Manichäern), *Nous, Logos, Pneuma, Sophia, der göttliche Funke, der göttliche Samen* oder *die Perle.*

Das Thomasevangelium verbirgt ein inneres, esoterisches Wissen, die uralte Weisheit, wie wir die Dualität besiegen und dadurch in das *Königreich*, auch *Reich* oder *Himmelreich* genannt, eingehen können. Das Königreich ist der Bewußtseinszustand, der jeglicher Dualität vorausgeht, wo Zeit und Raum, Sein und Nicht-Sein noch miteinander verbunden sind.

Dieses fünfte Evangelium kennt keine Vermittler, sondern will uns direkt zum Mysterium hinführen, zum *Königreich*, das der belgische Mystiker und Dichter Erik van Ruysbeek in Anlehnung an den einflußreichen Mystiker Jakob Böhme (1575–1624) *Ungrund* nennt. Über den Ungrund schreibt Böhme am 11. November 1623 in seinem 47. *Theosophischen Sendbrief* an Gottfried Freudenhammer und Johann Huser folgendes:

> «Gott ist weder Natur noch Kreatur, was er in sich selber ist, weder dies noch das, weder hoch noch tief. Er ist der Ungrund und Grund aller Wesen, ein ewig Ein(s), da kein Grund noch Stätte ist.»[5]

Für Böhme umfaßt der *Ungrund* das Alles und das Nichts. Es ist der Nicht-Grund, das vollkommen Unsagbare, das wir doch immer wieder von neuem mit unzulänglichen Worten zu umschreiben versuchen. In seiner poetischen Reflexion auf das 50. Logion des Thomasevangelium verweist Erik van Ruysbeek auf dieses unergründliche Mysterium des Ungrunds (siehe S. 119).

Gruppen, Systeme, Kirchen und Tempel entwenden die Schlüssel der Erkenntnis, wenn nicht mehr auf den *Ungrund* verwiesen wird, der wir im Grunde *sind.* In uns liegt die Vollkommenheit des Alls.

Gnostiker und Mystiker haben jene, die dafür zugänglich waren, immer darauf hingewiesen, daß das Königreich kein Reich der Zukunft, kein eschatologisches Reich ist, sondern *aktuelle* Bedeutung hat. Das Königreich ist unser Wesen, unser *ursprüngliches Antlitz,* unser *Ungrund.* Zwischen dem Königreich und uns kann es keinen Vermittler geben. Nur das trennende Denken hindert uns daran, das zu sein, was wir sind. Der Gnostiker sucht den Logos im Menschen selbst, er sieht den Menschen als eine Emanation des Wortes, in dem das Licht von innen heraus die gesamte Welt erleuchtet, oder wie es im 24. Logion des *Thomasevangeliums* heißt:

Licht
ist in einem Lichtmenschen,
und es erleuchtet die ganze Welt.

Das orthodoxe Christentum machte Christus zum äußeren, vom Menschen losgelösten Logos. Auf diese Weise ging die gnostische Bedeutung der Wörter *Logos, Christos* und *Sophia* verloren. Diese drei Wörter deuten auf den *Prozeß der Wiedergeburt* der durch die *Weisheit* gereinigten Seele: *Sophia,* die sich durch *Christos* (die Emanation der unergründlichen Energie, auch das *Königreich des Vaters* oder nur *der Vater* genannt) für das unsagbare Mysterium des Seins, für den *Logos*

Die Stelle, an der die Krüge mit den Nag-Hammadi-Schriften gefunden wurden.
(Aus: Doresse, J., Les livres secrets des gnostiques d'Egypte, *Librairie Plon, Paris 1958.)*

Die Kodizes von Nag Hammadi.
Aus: Doresse, J., Les livres secrets des gnostiques d'Egypte, *Librairie Plon, Paris 1958.)*

öffnet. Mit Recht sagt Jesus: *Niemand kommt zum Vater außer durch mich* (Jo 14,6); Nur die Ebene, auf der man diesen Ausspruch versteht, ist ausschlaggebend. Logos, Christos und Sophia, drei Wörter für ein einziges Ereignis, verbunden mit dem Vater, dem Sohn und dem Heiligen Geist. Christos verleiht dem Menschen die *Sohnschaft* des Alls, den Heiligen (ganzen) Geist des Universums, der aus dem unergründlichen Vater hervorgegangen ist.

Durch die Verbannung der Gnosis konnte die Orthodoxie den Grundstein legen für eine (all)mächtige Kirche, in der Bibel und Schwert dicht nebeneinander und oft auch gemeinsam zur Waffe wurden.[6]

Gnostiker wie Marcion, Basilides, Bardesanus, Tatian, Valentinus und Mani wurden scharf kritisiert, verleumdet und bedroht. Die Geschichte zeigt, daß nicht wenige Gnostiker, die sich frank und frei zu ihrer Erfahrung bekannten, dafür mit dem Leben bezahlen mußten. Nur durch das Bündnis zwischen Kirche und Staat konnte die Orthodoxie die Gnosis «besiegen». Das bedeutete: Einsatz von Gewalt überall dort, wo es der *christlichen Sache* diente. Wir brauchen dazu nur die traurige Geschichte der Manichäer und Katharer nachzulesen.

Kirchenväter wie Clemens, Origenes, Ignatius, Theophorus, Hippolytus, Tertullian, Irenaeus, Gregor und viele andere schufen ein theologisches Machtzentrum, in dem *Das Thomasevangelium* oder *Das Evangelium der Wahrheit* nicht gedeihen konnten.

Ein singender Jesus, der mit seinen Jüngern einen Reigen tanzt und nach jedem ausgesprochenen Satz fast wie ein Mantra das *Amen* erklingen läßt, so wie es in den *Johannesakten* beschrieben wird, paßt nicht zu einer von Regeln und Credos zusammengehaltenen Kirche.[7] Ebensowenig wie ein

Jesus, der im *Evangelium nach Maria* (Magdalena) öffentlich erklärt:

> *Es gibt (in Wahrheit) keine Sünde, aber ihr macht die Sünde, indem ihr Taten verrichtet, die der Natur des Ehebruchs entspringen. Sie nennt man dann Sünde.*[8]

Dieser *Ehebruch* verweist auf den Verlust des Einen im Vielen. Und wenn im *Philippusevangelium* dann auch noch von einem Jesus die Rede ist, der Maria Magdalena oftmals auf den Mund küßt, so ist das um so mehr ein Grund, derartige Texte zu verbieten oder zu verbrennen.[9] Daß es sich dabei um einen rituellen *Brautkuß* handelt, um das Symbol der geistigen Vereinigung von Sophia mit Christos, darauf sind diejenigen, die ihre Vorstellung von Jesus in diesem Text nicht bestätigt sahen, anscheinend nicht gekommen. Fortan sollten die kanonischen Texte bestimmen, was schicklich ist und was nicht, was apokryph ist und was nicht. Das etablierte Christentum verlor die Schlüssel der Gnosis, die den Zugang zum Königreich ermöglichen, und erhielt statt dessen die Schlüssel, die Zugang gewährten zu dem Reich von Macht, Grundbesitz, Kapital und Masse, zu allem, was für *Weltmenschen* von Bedeutung ist, aber nicht für *Vorübergehende*, von denen das 42. Logion des *Thomasevangeliums* spricht.

Cyprianus erklärte: *Wer die Kirche nicht zur Mutter hat, kann Gott nicht zum Vater haben.* Im Gegensatz zum Gnostizismus schuf die Orthodoxie ein männliches Gottesbild und einen männlichen Kirchenapparat, in dem die Frau fast 2000 Jahre lang kaum eine nennenswerte Rolle spielte. Daß es auch anders geht, beweist die Geschichte der Katharer.

Der Kirchenvater Irenaeus war der Ansicht, daß außerhalb der universalen (sprich: katholischen) Kirche kein Heil möglich sei, und schrieb um 180 sein fünfbändiges Werk *Entlarvung und Widerlegung der fälschlich so genannten Gnosis,* das meist mit dem lateinischen Titel «Adversus Haeresis» abgekürzt wird. Irenaeus vertritt darin die Meinung, es müsse endlich ein Ende haben mit der Verbreitung jener gnostischen, oft von östlichen Einflüssen durchsetzten Schriften. Daß die drei *Magas,* übersetzt mit *Weisen,* aus dem Osten kamen, wird dabei meist vergessen.

Hippolytus, Bischof von Rom, beschreibt in seinem um 230 verfaßten Werk *Widerlegung aller Häresien* (lat. «Refutatio omnium haeresium»), wie verdorben die gotteslästerlichen Ketzer waren. Mehr als hundert Jahre später zog Epiphanius, Bischof von Salamis auf Zypern, die Schubladen seines *Arzneikastens gegen Irrlehren* auf, ein Ketzerkatalog, den wir unter dem Titel «Panarion haeresion» kennen (um 375).

Das in den ersten Jahrhunderten des aufkommenden orthodoxen Christentums im Umlauf befindliche *Evangelium der Wahrheit,* das 1945 in dem Fund von Nag Hammadi angetroffen wurde, stand schon bei Irenaeus in einem schlechten Licht.

Die Schlüssel der Gnosis wurden empfangen und verborgen. Bei Petrus wurden diese Schlüssel zu Schlüsseln der Macht und Veräußerlichung. Nicht zufällig nennt Jesus ihn den *Kleingläubigen,* weil er nicht in der Lage war, *auf dem Wasser* zu gehen (Mt 14,22–33) und noch der Hand eines äußeren Lehrers bedurfte. Petrus war noch nicht Herr über die Manifestation des Daseins, er konnte diese noch nicht ergründen, verfügte noch nicht über genügend *Einsicht,* und war deshalb nicht fähig, *auf dem Wasser* zu gehen. Dadurch befindet sich Petrus, *der Kleingläubige,* in einer ständigen Dualität. Im Gegensatz zu Thomas, der *ungläubig* war, weil er *wußte.* Thomas, dem *Ungläubigen,* wurden *die geheimen*

Worte Jesu anvertraut, weil er als Geistesverwandter Jesu *(Zwilling)* die Dualität besiegt hatte und zum *Einsamen*, zum Einsgewordenen geworden war.

In 114 Logien erschließt *Das Thomasevangelium* unergründliche Weisheit für den, der Ohren zum Hören und Augen zum Sehen hat. Ein *Logion* ist ein *inneres Wort der Gottheit*, es ist das göttliche Selbst, das in uns spricht, die endlose Energie von Einheit und Unergründlichkeit. Schon Papias, Bischof des ägyptischen Hierapolis (um 150), gebrauchte das Wort Logion als *Jesusspruch*, der wie Erik van Ruysbeek schreibt, *auf innige Weise nachempfunden* werden muß, damit der Ungrund daraus sprechen kann.

Die geheimen Worte von Jesus dem Lebendigen

Dies sind die geheimen Worte,
die Jesus der Lebendige sprach
und die Didymus Judas Thomas aufgeschrieben hat.

So lauten die Anfangszeilen des *Thomasevangeliums*. Die Zeilen werfen die folgenden Fragen auf:

- Welches sind diese *geheimen Worte?*
- Wer war *Jesus der Lebendige?*
- Wer war *Didymus Judas Thomas*, der diese geheimen Worte aufgeschrieben hat?

Wenden wir uns zuerst den *geheimen Worten* zu.

In dem *Buch Thomas des Wettkämpfers* (auch aus Nag Hammadi) ist in den ersten Zeilen auch von *geheimen Worten* die Rede, die Jesus, der Erlöser, zu Judas Thomas spricht. Mathaias, möglicherweise der Apostel Matthäus, war während eines Spaziergangs Zeuge des folgenden Gesprächs zwischen Jesus und Thomas:

> *(...) du giltst als mein Zwillingsbruder und wahrer Freund. Forsche daher in dir und erkenne, wer du bist, wer du gewesen bist und wer du werden wirst. Man nennt dich meinen Bruder: also darfst du nicht in Unwissenheit über dich selbst bleiben.*
>
> *Aber ich weiß, daß du bereits zur Erkenntnis gelangt bist. Denn indem du mit mir wandelst, zeigst du ja, daß du mich schon erkannt hast und weißt, daß ich die Erkenntnis der Wahrheit bin, auch wenn dir das nicht bewußt ist. Du hast schon erkannt, und wirst der genannt werden, der sich selbst erkennt. Wer sich selbst nicht erkennt, hat nichts erkannt.*
>
> *Wer aber sich selbst erkennt, erkennt die Tiefen des Alls.*[10]

Thomas der Wettkämpfer ist derselbe wie Didymus Judas Thomas. Er empfängt von Jesus die wahre *Gnosis,* das Wissen über sich selbst, so daß er fortan weiß, daß er ein Sohn des *lebendigen Vaters* ist, wie es im 3. Logion des *Thomasevangeliums* beschrieben wird.

Wer in sein unergründliches Wesen hinabsteigt, steigt hinab in den Ungrund des Daseins, in den *lebendigen Vater.* In Gleichnissen und Geschichten hat Jesus in poetischen Worten immer wieder auf das Eine hingewiesen; auf das eine große Schaf, auf den einen dicken Fisch, auf den einen Schatz... *Selbsterkenntnis,* die Erkenntnis des Alls, das in uns ist und aus uns hervorgeht, erlangt nur, wer die *Wiedergeburt* durchmacht: eine totale Umwälzung des Bewußtseins, eine Infragestellung von allem, was wir glauben zu sein, eine innere *Auferstehung.*

Die *geheimen Worte*, die Jesus sprach, können *tiefinnerlich* nur von dem Jünger verstanden werden, der ein Geistesverwandter Jesu wird, ein *Zwilling*, ein Didymus. Diese geheimen Worte reichen weiter als die Sprache. Das Wort ist eine Vermittlerin der Stille, des Unsagbaren, in dem alles Gesprochene beheimatet ist.

Niemand kann das geheime Wissen in Wort oder Schrift übermitteln; auch die geheimen Bruderschaften und esoterischen Vereinigungen nicht. *Geheime* Worte bleiben geheim, unausgesprochen. Sobald sie ausgesprochen werden, wird das Geheimnis entkräftet. Will man die geheimen Worte verstehen, muß man bereit sein, alles hinter sich zu lassen, ein *Fremder* in der alltäglichen Welt zu sein, sich von allen Bedingtheiten, Autoritäten, von allen *Vätern* und *Müttern* zu lösen. Erst dann wird man aus einem bodenlosen Schweigen heraus die Stimme der Stille wahrnehmen können.

Wer sich noch an eine bestimmte Vorstellung von Jesus klammert, wird sich nicht wie ein fruchtbarer Schoß öffnen können, um den Samen der Erkenntnis zu empfangen. Solange wir Jesus mit irgendetwas vergleichen wollen, sind wir von der Sprache abhängig.

Diese Thematik wird im 13. Logion angesprochen. Während Petrus und Matthäus noch versuchen, Jesus jemandem gleichzusetzen, kann dies Thomas nicht mehr:

Jesus sprach zu seinen Jüngern:
Vergleicht mich
und sagt mir, wem ich gleiche.
Simon Petrus sagte zu ihm:
Du gleichst einem gerechten Engel.
Matthäus sagte zu ihm:
Du gleichst einem weisen Philosophen.

Thomas sagte zu ihm:
Meister, mein Mund wird sich bestimmt weigern,
zu sagen, wem du gleichst.
Jesus sagte:
Ich bin nicht mehr dein Meister,
denn du hast getrunken von der sprudelnden Quelle,
die ich hervorströmen ließ,
und dich daran berauscht.
Und er nahm ihn beiseite
und sagte ihm drei Worte.
Als Thomas zu seinen Gefährten zurückkehrte,
fragten diese ihn:
Was hat Jesus zu dir gesagt?
Thomas antwortete ihnen:
Wenn ich euch nur eines der Worte sagen würde,
die er mir gesagt hat,
würdet ihr mit Steinen nach mir werfen,
und aus den Steinen würde Feuer sprühen
und euch verbrennen.

Der Verstand will immer Vergleiche anstellen. Immer muß ein Gegenstand einem anderen Gegenstand und eine Person einer anderen Person gleichen. Man trifft nur selten einen Menschen, der das Reich der Vergleiche hinter sich gelassen hat und der die Welt, das Universum und sich selbst als unteilbar empfindet. Vergleiche teilen die Wirklichkeit in zwei Teile. Sie entspringen einem unruhigen Geist. Das, was *ist,* wird nicht akzeptiert. Dadurch gibt es kein wirkliches *Sehen,* kein wirkliches *Hören.* Solange man der Welt der Vergleiche verhaftet ist, kann sich die Stimme der Stille, das Einzigartige, das völlig Neue nicht offenbaren, denn der vergleichende Verstand spaltet die Wirklichkeit in Tausende von

Fragmenten auf. In der Welt der Vergleiche gibt es keine Ganzheit, keine Einheit.

Jünger wollen wissen, wem Jesus gleicht. Das Christentum hat uns zweitausend Jahre lang ein bestimmtes Bild von Jesus vorgehalten: das Bild des gekreuzigten Mannes. Die tiefere, *esoterische* Bedeutung der Kreuzigung hat man nicht verstanden. Auf vielfache Weise hat man versucht, Jesus mit anderen Gestalten und Ideen zu vergleichen. Manche sehen ihn als eine rein historische Figur, andere glauben, er habe nur *scheinbar* einen Körper angenommen (Doketismus), wieder andere betrachten ihn als eine mythische Gestalt, als einen Essener oder einen Rebellen gegen die Römer. Auch in der Esoterik gibt es zahllose Vorstellungen zu Jesus. Das Anstellen von Vergleichen ist sehr aufwendig und kostet viel Energie. Paradoxerweise hat Jesus selbst immer wieder versucht, durch tiefsinnige *Gleichnisse* dem *vergleichenden* und alles bemessenden Verstand ein Ende zu setzen.

Jesus (Josua) bedeutet *Heilender, Heiland.* Christos deutet auf den realisierten Prozeß der *Ganzheit* im Menschen. Thomas ist kurz davor, in das *Königreich* der Ganzheit einzugehen. Daher weigert sich sein Mund, zu sagen, wem Jesus gleiche. Jesus ist ganz und gar *er selbst.* Wer das erkannt hat, dem gelten die Worte: *Ich bin nicht mehr dein Meister.* Die Beziehung zwischen dem Meister und dem Schüler ist die letzte Dualität, die der Schüler in der *sprudelnden Quelle,* in dem inneren Wissen, das *alles in allem* ist, überwinden muß. Im Ungrund gibt es weder Meister noch Schüler. Hier weicht die Trunkenheit der Welt dem mystischen «Rausch» der kristallklaren Erkenntnis. Dann ist der Schüler bereit, die *geheimen Worte* in sich selbst zu hören, und er wird *beiseite* genommen. Der *ungläubige* Thomas wird ein «gläubiger» Thomas, d.h. ein *Wissender.* Er *weiß* jetzt, daß das Universum sein *Leib* ist und der *Geist* des Universums sein *Blut. Das ist mein Leib. Das ist mein Blut.*

Die drei Worte, die Jesus sprach, können im Grunde nicht gesagt werden.

Wer Wissen hat, redet nicht;
wer redet, hat kein Wissen.
(Lao-Tse)

In der apophatischen Theologie wurde Gott immer *verneinend* beschrieben (vgl. das hinduistische Axiom *neti, neti: weder dies noch das).*

Schon im ersten Kapitel des *Tao-Te-King* heißt es:

Der Weg, von dem wir sprechen können,
ist nicht der ewige Weg.

Wer Gott sieht, muß sterben, d.h.: sich von seiner Abgeschiedenheit, seiner Eigenständigkeit, seinem Ich-Bewußtsein lösen. Es gibt nur das All. Gott ist nur ein Name, ein behelfsmäßiger Ausdruck für das Unnennbare, dem man einzelne, eigenständige Eigenschaften zugeschrieben hat.

Als ich in meiner ersten Ursache stand, da hatte ich keinen Gott, und da war ich Ursache meiner selbst,

hat Meister Eckhart es in seiner Predigt *Beati pauperes spiritu*... tiefsinnig ausgedrückt. Was Eckhart *Ursache* nennt, heißt bei dem Dichter und Mystiker Jan Luyken *der Grund meines Grundes,* und wird von Jakob Böhme (und in Anlehnung an ihn von dem belgischen Mystiker Erik van Ruysbeek) als *Ungrund* bezeichnet. Diese Worte reichen viel weiter als das arg kompromittierte Wort Gott, aber auch sie können nur auf das *Wortlose* verweisen.

Die *drei Worte*, die Jesus sprach, lassen sich, wenn man sie ihres Geheimnisses entledigt, auch in Sprache ausdrücken. In der gnostischen Terminologie heißen sie dann: *Logos*, *Christos* und *Sophia*, oder *Vater*, *Sohn* und *Heiliger Geist*. Drei Worte für ein einziges kontinuierliches Geschehen. Meister Eckhart sagt dazu:

> *(...) und es gebiert der Vater seinen Sohn in der Seele in derselben Weise, wie er ihn in der Ewigkeit gebiert und nicht anders. Er muß es tun, es sei ihm lieb oder leid. Der Vater gebiert seinen Sohn ohne Unterlaß, und ich sage mehr noch: Er gebiert mich als seinen Sohn und als denselben Sohn. Ich sage noch mehr: Er gebiert mich nicht allein als seinen Sohn; er gebiert mich als sich und sich als mich und mich als sein Sein und seine Natur. Im innersten Quell, da quelle ich aus im Heiligen Geiste; da ist* ein *Leben und* ein *Sein und* ein *Werk. Alles, was Gott wirkt, das ist Eins; darum gebiert er mich als seinen Sohn ohne jeden Unterschied.*[11]

Tiefgehende Worte, die *versteinern*, sobald man sie buchstäblich nimmt. Der Schriftgelehrte in uns neigt immer wieder zu *Versteinerung*, zu Wortklauberei. Dadurch wird *Christos* innerlich *gesteinigt*, und der Samen der Erkenntnis wird unter dem Fels des vernunftmäßigen Wissens begraben. Jesus, der Samen des Alls in uns, verwandelt *Steine* in geistiges *Brot*.

Drei Worte: Brahma, Vishnu, Shiva (Indien). Drei Worte: Osiris, Horus, Isis (Ägypten). Drei Worte: Freyr, Balder, Freyja (Norwegen). Diese drei Worte der jeweiligen Kulturen beziehen sich nur auf das kontinuierliche *Spiel der Gestaltungen*, auf das *Kleid*, auf den *Körper* des Ungrunds, der sich wie der tanzende Shiva immer wieder erneuert. Fülle aus Leere, Leere in Fülle. Alles in Nichts, Nichts in Alles. Sein in Nicht-Sein, Nicht-Sein in Sein. Im gesamten Universum ist *Bewegung und Ruhe*, ein Gesetz, das neuerdings von der Quantenmechanik bestätigt wird. Aber auch in der Bewegung und Ruhe des Universums liegt ein Dualismus, der auf etwas Tieferes verweist, weil Es nicht mit einem Wort gesagt werden kann. Wenn wir unser *ursprüngliches Antlitz* erkennen wollen, müssen drei *geheime* Worte ausgesprochen werden, durch die das Gesprochene in das Unsagbare zurückfließt.

Die drei *geheimen* Worte Jesu übersteigen die buchstäblichen Worte. Sie verweisen auf das Eine.

> *Ich schaute um mich, und überall sah ich das Eine. Ich schaute in mein Herz: ein bodenloses Meer des Einen,*

dichtete der Mystiker Rumi.

Johannes Tauler drückte es in einer seiner Predigten wie folgt aus:

> *Wer zum Einen kommt, hat alles, nicht einen Teil, sondern das Ganze.*

Und Jesus umschreibt das Eine mit den Worten:

> *Ich und der Vater sind eins (Jo 10,30).*

Jenseits der Dualität liegt die unergründliche Einheit, das *Königreich*. Dies ist auch das Thema des 22. Logions, in dem es heißt, wir müßten aus *zwei eins machen*, wir müßten *das*

Innere wie das Äußere machen und das Äußere wie das Innere und das Obere wie das Untere. Alle Gegensätze müssen aufgehoben werden. Sie sind die Frucht eines unaufhörlichen *aktuellen* Sündenfalls unseres Bewußtseins und nicht eines *zeitlich bedingten* Sündenfalls, wie er in dem Mythos vom Paradies symbolisiert wird.

In der Advaita, der Lehre von der Nicht-Zweiheit von Atman und Brahman, und in dem Werk *Hsin-hsin-ming* des Zenmeisters Sengts'an (übersetzt mit *Über die Gegenwart des Geistes)* wird des öfteren auf den einzigen Schlüssel zur Gegenwart des Geistes verwiesen: die *Nicht-Zweiheit.* Das Thema der Non-Dualität begegnet uns auch in der *Bhagavad Gîtâ* (in der Krishna uns darüber belehrt, wie wir verhindern können, in der Dualität von Liebessehnsucht und Haß zu leben: 17. Gesang), und in dem *zweiten* Kapitel des *Tao-Te-King.* In dem Gleichnis vom Opfer der *Witwe,* die zwei *Kupfermünzen* in einen Opferstock wirft und damit *mehr in den Opferkasten hineingeworfen hat als alle anderen,* wird der Sieg über die Dualität auf allegorische Weise dargelegt. *Denn sie haben alle nur etwas von ihrem Überfluß hergegeben; diese Frau aber, die kaum das Nötigste zum Leben hat, sie hat alles gegeben, was sie besaß, ihren ganzen Lebensunterhalt* (Mk 12,41–44). Die *Witwe,* Symbol der *Sophia,* die ohne *Christos* lebt, opfert ihre Zweiheit, symbolisiert in den beiden Kupfermünzen. Durch das *Opfern,* das Loslassen, wird die Zweiheit in ihr eins, wird ihre *Armut* zum Reichtum des Alls.

Selig seid ihr, Einsgewordene, Auserwählte,
denn ihr werdet das Königreich finden.

(Logion 49)

Im frühen Christentum nannte man diese Einsgewordenen und Auserwählten *Mönche.* Das Wort Mönch geht auf das griechische Wort *monachos* zurück, das wiederum mit dem Wort *monachè* verwandt ist, was soviel bedeutet wie *einzig und allein.* Von der Zweiheit zur Einheit, von der Einheit zum Unergründlichen, zum Ungrund selbst.

In einem Vers von Ramana Maharshi heißt es dazu:

Zweiheit und Dreiheit finden ihren Halt
An einem Einzigen allein: dem «ich».
Erforscht man dieses Eine und erlebt
Die Wirklichkeit des «Herzens», sinken jene
Dahin. Und nur, wer diese erfahren hat,
Weiß Wirklichkeit; ihn kann nichts mehr beirren.[12]

Die Besiegung jeglicher Dualität, also letztlich auch der von Einheit und Nicht-Einheit, wird im *Philippusevangelium* als eine *Auferstehung* vor dem Tod gesehen.

Etliche sagen: «Der Herr ist zuerst gestorben und dann auferstanden.» Sie irren. Denn er ist zuerst auferstanden und dann gestorben. Wenn jemand nicht zuerst die Auferstehung erwirbt, kann er nicht «sterben».[13]

Wer die geheimen Worte Jesu begreift und verwirklicht, *wird den Tod nicht schmecken* (siehe Logion 1).

In uns selbst liegt das Unergründliche, das vor der Schöpfung war und vor Raum und Zeit, in dem aber dennoch die Schöpfung und das gesamte zyklische Dasein versinken.

Wer mich gesehen hat, hat den Vater gesehen, sagt Jesus zu Philippus (Jo 14,9).

Das Mich, worüber Jesus spricht, ist das Mich aus den *Upanishaden* und aus der *Bhagavad-Gîtâ*, dem wundervollen Lied des Herrn, in dem Krishna selber Arjuna seine unermeßliche Größe offenbart. Wer diese Geschichte aus der Sicht Krishnas und nicht aus der Arjunas liest, wird immer stärker vom *Mich* absorbiert werden. Wer Krishna kennenlernt, lernt sich selbst kennen. Wer Krishna sieht, sieht DAS, *ist* DAS.

> *Und wer mein Werden und mein Tun, das göttliche, in Wahrheit kennt, erleidet keine Neugeburt, – er geht im Tode zu mir ein.*[14]

Und an anderer Stelle heißt es in der *Bhagavad-Gîtâ:*

> *Ich bin der Vater dieser Welt, bin Mutter, Schöpfer, Ahnherr auch.*[15]

In dem *Vater* finden wir unser ursprüngliches Antlitz. Im 5. Logion sagt Jesus dazu:

> *Erkenne, was vor deinem Angesicht ist,*
> *und was dir verborgen ist, wird dir enthüllt werden.*
> *Denn es gibt nichts Verborgenes,*
> *das nicht offenbar werden wird.*

Aus der Sicht des Vaters kann mit Recht gefragt werden: *Wer ist meine Mutter, und wer sind meine Brüder?* (Mt 12,48). Eine Beschränkung auf die biologische Verwandtschaft würde die Gespaltenheit nur aufrechterhalten. So dringt man nicht zum Ungrund vor. Wenn wir zu DAS vordringen, damit verschmelzen, darin aufgehen, DAS sein wollen, müssen wir unsere *Väter* und *Mütter* verlassen, müssen wir alles, was uns heilig ist, hinter uns lassen. Anders ausgedrückt: wir müssen uns von allen äußeren Bedingtheiten befreien, die uns daran hindern, das zu sein, was wir sind. Schon der Buddha hat darauf aufmerksam gemacht, daß jeder Mensch bereits unzählige Male Vater, Mutter, Bruder, Schwester, Onkel oder Tante eines anderen Menschen gewesen ist. Alles ist miteinander verknüpft. Vollkommene Loslösung, vollkommene Nicht-Identifizierung, vollkommene Freiheit und vollkommener Frieden sind nur aus dem Ungrund heraus möglich. Das ursprüngliche Antlitz schaut durch alle Augen hindurch, strahlt durch alles hindurch. Als der für seine Weisheit bekannte Zen-Mönch Ming aus Eifersucht den neuen, sechsten Zen-Patriarch Hui-neng ermorden wollte, um auf diese Weise das Gewand und die Bettelschale des Buddha zu ergattern, gelangte er kurz vor dem Mordversuch zur vollkommenen Einsicht, als Hui-neng ihm, betroffen von Mings aufrichtiger Frage nach der Wahrheit, folgendes sagte:

> *Wenn du nach Wahrheit strebst (...), hör auf, den Dingen nachzulaufen. Hör auf, darüber nachzudenken, was recht und unrecht ist, sondern erkenne in diesem Augenblick dein ursprüngliches Gesicht, bevor dein Vater und deine Mutter geboren waren.*[16]

Das Erkennen des *ursprünglichen Antlitzes* ist wie eine Hochzeit, es ist die mystische Hochzeit, die mystische Einheit *(unio mystica)*, die der Mystiker erreicht, jener Bewußtseinszustand, in dem alle Gegensätze zusammenfallen *(coincidentia oppositorum)* und in dem das *Sat-Chit-Ananda* erreicht wird, was soviel heißt wie «Sein», «Bewußtsein»,

«Glückseligkeit» oder «tiefer Friede». Diese Hochzeit findet immer am *dritten* Tag statt, wie in dem Gleichnis von der *Hochzeit zu Kana* beschrieben wird (Jo 2,1–12). Auf dieser Hochzeit wird *Wasser* (Erkenntnis) in *Wein* verwandelt, in die Erfahrung des unermeßlichen *Geistes* des Universums. Im *Philippusevangelium* wird diese Hochzeit durch die mystische Vereinigung von Braut und Bräutigam im *Brautgemach* symbolisiert. Es ist die Hochzeit der Seele mit dem Geist der Wahrheit, wobei jegliche Dualität überwunden wird. Diese Hochzeit gehört *nicht zur Finsternis und zur Nacht, sondern zum Tag und zum Licht*[17].

Die Hochzeit des Geistes, der Durchbruch der erleuchteten Erkenntnis, findet immer am *dritten Tag* statt, so wie sich auch die Auferstehung Jesu am *dritten Tag* vollzog und Christos sich völlig in ihm offenbarte.

Man hat lange Zeit nach den *geheimen Worten* Jesu gesucht. Schon Irenaeus spielte in seinem Werk *Adversus Haeresus* (I, 20,2) darauf an: *Viele Male habe ich danach verlangt, eines dieser Worte zu vernehmen, aber ich hatte niemanden, der sie mir hätte sagen können.* Und Epiphanius schreibt in seinem *Panarion* (XXXIV, 18, 13): *Oft verspürte ich das Bedürfnis, eines dieser Worte zu hören, und es war niemand da, der sie mir hätte sagen können.*

Welches waren die geheimen Worte, die Jesus denen vermitteln wollte, die in der Lage waren, sie zu empfangen?

Hippolytus von Rom meinte, in Anlehnung an die gnostische Sekte der Naassener, es seien die drei Worte *Kaukala, Saulasa* und *Nesar* gewesen. Viel weiter bringen uns diese «dunklen» Worte allerdings nicht.

Im *Koptisch-Manichäischen Psalmenbuch* lesen wir im *Psalm des Heraklit: Ich habe etwas zu sagen, ich habe niemanden, dem ich es sagen kann.*

Die geheimen Worte Jesu kann nur hören, wer das vollkommene innere Hören beherrscht. Ohren in Ohren, Augen in Augen. Erst dann ist der Jünger bereit, das zu empfangen, was Jesus zu sagen hat. Wenn wir nicht mehr an tausenderlei Sachen hängen, wenn wir uns nicht mehr mit tausenderlei Sachen identifizieren, wenn es uns gelingt, unsere Sinne zur Ruhe zu bringen, dann werden wir wirkliches Hören und wirkliches Sehen erfahren. Dann werden die geheimen Worte *in* uns erklingen. Dann wird sich der *verborgene* Name Jesu, das *Unnennbare,* manifestieren.

In den *Thomasakten* stellt König Misdai Thomas die Frage:

> *«Wer ist dein Herr, und welches ist sein Name, und über was für ein Land herrscht er?» «Mein Herr», spricht Thomas, «ist mein und dein Herr, da er der Herr des Himmels und der Erde ist.» Und Misdai sprach: «Wie heißt er?» Spricht Judas: «Seinen wirklichen Namen kannst du zu dieser Zeit nicht hören, (...) der Name, der ihm für eine Zeit beigelegt wurde, ist Jesus, der Christus.»*[18]

Misdai ist noch nicht empfänglich, den *wahren* Namen zu hören. In ihm kann das Unnennbare noch nicht erklingen.

Die *Pistis Sophia* enthüllt mehr über die drei geheimen Worte, die Jesus sprach.

Als Jesus am dritten Tag nach seiner Kreuzigung auferstanden ist und sich seine Jünger um ihn geschart haben, flehen sie Jesus an:

> *Unser Herr, erbarme Dich unser, denn wir haben Vater und Mutter und die ganze Welt verlassen und sind Dir gefolgt.*

Jesus steht mit seinen Jüngern am Wasser des Ozeans und spricht das folgende Gebet:

> *Erhöre mich, mein Vater, Du Vater aller Vaterschaft, Du unendliches Licht.*

Danach spricht er folgende Worte: (griechisch) iao, aoi und oia. Und wenn er sich mit seinen Schülern nach allen vier Himmelsrichtungen verbeugt, ruft er aus: iao, iao, iao. Diese dreimalige Wiederholung des Wortes iao legt er dann wie folgt aus:

> *Jota(i), weil das All herausgegangen ist, – Alpha(a), weil es sich wieder zurückwenden wird, – Omega(o), weil die Vollendung aller Vollendungen stattfinden wird.*[19]

Und einige Zeilen weiter heißt es in der *Pistis Sophia:*

> *Du Vater aller Vaterschaft der Unendlichkeiten, erhöre mich um meiner Jünger willen, die ich vor Dich geführt habe, damit sie an alle Worte deiner Wahrheit glauben, und gewähre alles, worum ich Dich anrufen werde, denn ich kenne den Namen des Vaters des Lichtschatzes.*[20]

Jesus kennt den Namen des Vaters des Lichtschatzes. Es ist der Name des Unnennbaren. Jesus bezeichnet dieses Unnennbare mit dem Schlüsselwort *iao* und bringt damit zum Ausdruck, daß sich die allesumfassende Wirklichkeit *in* dem «Vater» befindet, *aus* dem «Vater» hervorgeht und *zu* dem »Vater» zurückkehrt.

Im 77. Logion wird dieses unermeßliche und unergründliche Mysterium wie folgt formuliert:

Jesus sprach:
Ich bin das Licht, das über ihnen allen ist.
Ich bin das All.
Das All ist aus mir hervorgegangen
und das All ist zu mir gelangt.
Spaltet das Holz – und ich bin da.
Hebt den Stein hoch:
dort werdet ihr mich finden.

Worte gleichen Inhalts finden wir im berühmten *Chândogya Upanishad,* in dem u.a. das Gleichnis von der Frucht des Nyagrodhabaumes erzählt wird, von der letztendlich nur das *Das bist du* übrigbleibt.[21]

Wenn aber Jesus das griechische Wort iao dreimal spricht und der Jünger dafür nicht empfänglich ist, wird dieser nur drei *Wörter* verstehen, deren *Geheimnis* ihm verborgen bleibt. Nur wenn wir zuhören wie Didymus Judas Thomas, wie ein *geistiger* Zwilling, der eins geworden ist, kann das Geheimnis bei jedem Laut wortlos in das Herz eindringen. Es einem Dritten erzählen zu wollen, ist ein unmögliches Unterfangen, denn das Wortlose läßt sich nicht in Worte fassen. Schon ein einziges Wort würde den Zuhörer *versteinern* lassen, weil ihm die unergründliche Stille dieses gesprochenen Wortes entgeht. Es würde sich gegen ihn wenden.

Didymus Judas Thomas wurde *auserwählt,* diese Worte zu vernehmen, weil er sich über die letzte Dualität von Meister und Schüler erheben konnte.

Jesus sprach:
Ich werde euch erwählen, einen aus tausend
und zwei aus zehntausend,
und sie werden in ihrem Einssein bestätigt werden.
(Logion 23)

Oder wie es in der *Bhagavad-Gîtâ* heißt:

Unter Tausenden von Menschen strebt nach
Vollendung einer kaum,
Von den erfolgreich Strebenden kennt
wahrhaft mich kaum einer noch.[22]

Jesus der Lebendige

Die Logien des *Thomasevangeliums* fordern zur *Wiedergeburt* auf, zu einer Aufhebung jeglicher Dualität, zum Wiederfinden der ursprünglichen Einheit, zum Aufgehen in den Lebendigen Vater, der der Ungrund aller Dinge, das Substrat alles Seienden ist, aus dem heraus alle Dinge in einem einzigen Ding zeitlos neu sind.

Wenn wir die Wiedergeburt nicht kennen, sind wir wie *lebendige Tote.* Als einer der Jünger Jesus mitteilt, er könne Jesus erst folgen, wenn er seinen Vater begraben habe, lautet Jesu Antwort: *Folge mir nach; laß die Toten ihre Toten begraben!* (Mt 8,22). Da wir für den *Lebendigen Vater* tot sind, müssen wir immer wieder unsere *irdischen* Väter begraben.

Jesus ist *der Lebendige.* Er lebt in dem *Lebendigen Vater* und aus ihm heraus. Er denkt, spricht und handelt aus dem Ungrund heraus, in dem Geburt und Tod ihre Gültigkeit verloren haben.

Der Weise wird nicht geboren,
noch stirbt er,

heißt es schon im *Kâthaka-Upanishad.*[23]

Diese tiefsinnigen Erkenntnisse begegnen uns auch im *Kleinod der Unterscheidung* des indischen Weisen Shankara.

Jesus *der Lebendige* hängt nicht am zeitlichen Körper, durch den sich der *Lebendige Vater* manifestiert. Als die Frauen aus Galiläa zum Grab Jesu gehen, finden sie es leer vor. Zwei Männer in leuchtenden Gewändern treten zu ihnen und sagen: *Was sucht ihr den Lebenden bei den Toten?* (Lk 24,5). Jesus ist *auferstanden* vor dem Tod, hat sich vor dem Sterben des Körpers mit dem *Lebendigen Vater* vereinigt und ist dadurch selbst *der Lebendige* geworden. Der Lebendige erweckt alles Verdorrte, Tote und Erstarrte zu neuem Leben. Versteinertes Wissen verwandelt er in geistiges Brot, indem er die Seele des Wortes entschleiert. Irdischen Wein verwandelt er in geistigen Wein. In syrischen Schriften wird der Name Jesus wiederholt mit dem Epitheton *der Lebendige* ergänzt.

Ein weiterer gnostischer Text aus Nag Hammadi mit dem Titel *Die beiden Bücher des Jeû* beginnt sogar mit den Worten:

> *Ich habe euch geliebt und euch das Leben zu geben gewünscht. Jesus, der Lebendige, ist die Erkenntnis der Wahrheit.*[24]

In den *Thomasakten* ist ebenfalls von *Jesus dem Lebendigen* die Rede.[25]

Jesus ist das *Lebendige Wort*, das die gesamte Wahrheit enthält. Und Jesus der Lebendige lehrt seine Apostel:

> *Selig ist der, welcher die Welt gekreuzigt hat und nicht die Welt hat ihn kreuzigen lassen.*[26]

Als die Apostel ihn fragen, wie sie die Welt kreuzigen sollen, belehrt Jesus der Lebendige sie:

Der die Welt gekreuzigt hat, ist derjenige, welcher mein Wort gefunden und es nach dem Willen dessen, der mich gesandt hat, erfüllt hat.[27]

Jesus lebt und atmet aus dem universalen Geist des Alls heraus, aus dem Geist, der alles, was durch Abgeschiedenheit getötet wird, lebendig macht. Wer die Bedeutung der Worte findet, die Thomas im 1. Logion spricht, wird den Tod nicht schmecken. Sein Geist wird unsterblich sein, auch wenn sein Körper sterben muß. Jesu Worte sind lebendiges Brot, lebendiges Wasser, lebendiger Geist.

Mani sprach von der heilenden Kraft des Parakleten, des Heiligen (alles heil machenden) Geistes. Wer aus der Quelle des zeitlosen Lebens trinkt, wird nie mehr Durst verspüren. Der Durst nach ständiger Erfüllung von Begierden ist verschwunden, weil man erkannt und erfahren hat, daß dieser Durst nur Krankheit, Leid und Tod erzeugt. Nur der zur Erfüllung gelangte Durst nach *Gnosis* kann jeden anderen Durst stillen.

Jesus *der Lebendige* symbolisiert das unzerstörbare Leben, das der lebendige Vater, das Unergründliche, bietet.

In den *Johannesakten* ist von einer *scheinbaren* Kreuzigung Jesu die Rede. In tiefsinniger Weise wird die wahre Natur von Jesus dem Lebendigen enthüllt. Doch diese Enthüllung gilt nur denen, die das *lebendige Wort* verstehen und ihren Blick nicht mehr auf ein äußeres Kreuz, sondern auf die innere Kreuzigung der Sinne richten. Solange die Sinne dem Zeitlichen verhaftet sind, sind wir keine *Söhne des Lebendigen Vaters,* sondern *lebendige Tote.*

(...) und in ihm war eine Form und eine gleichartige Erscheinung. Den Herrn selbst aber sah ich oben über dem

Kreuz, und er hatte keine Gestalt, sondern nur eine Stimme, doch nicht die uns gewohnte Stimme, sondern eine liebliche und gütige und wahrhaft Gott (gehörige), die sprach zu mir: «Johannes, einer muß von mir dieses hören; denn eines bedarf ich, der hören soll. Das Lichtkreuz wird von mir euretwegen bald Logos genannt, bald Vernunft, bald Christus, bald Tür, bald Weg, bald Brot, bald Same, bald Auferstehung, bald Sohn, bald Vater, bald Geist, bald Leben, bald Wahrheit, bald Glaube, bald Gnade, so (heißt es) für Menschen.

Was es aber wirklich ist, an und für sich betrachtet und im Blick auf euch genannt –: Es ist Begrenzung aller Dinge und feste Erhebung des aus Ungegründetem Gefestigten und Gleichmaß der Weisheit; während sich die Weisheit aber im Gleichmaß befindet, gibt es Rechte und Linke, Mächte, Gewalten, Herrschaften (und) Dämonen, Wirkkräfte, Drohungen, Zorneswallungen, Verleumdungen, Satan und die untere Wurzel, aus der (die) Natur des Werdenden hervorgegangen ist.

Dieses Kreuz also, welches durch den Logos das All gefestigt und das aus dem Werden und vom Unteren (Herkommende) abgegrenzt, dann aber in alles sich ergossen hat, ist nicht das hölzerne Kreuz, das du sehen wirst, wenn du von hier hinuntergehst. Auch bin ich nicht der am Kreuz, den du jetzt nicht siehst, sondern (dessen) Stimme du nur hörst. Was ich nicht bin, dafür bin ich gehalten worden, der ich nicht bin, was ich für die vielen bin (…).»[28]

Der Lebendige ist nicht der, für den man ihn hält. Nur durch die *Erfahrung* lernen wir Jesus den Lebendigen *in* uns kennen; zeitlos, hier und jetzt.

Thomas war bereit, Jesus den Lebendigen zu erfahren.

Wer war Didymus Judas Thomas?

Didymus Judas Thomas hat die geheimen Worte von Jesus dem Lebendigen aufgeschrieben.

Es sind eine Menge Geschichten im Umlauf über einen gewissen Thomas. Sie alle gehören zum sogenannten *Thomaszyklus,* u.a.: *Die Thomasakten* (225), *Das Thomasevangelium* (140) und die *Psalmen des Thomas* (ca. 220). Daneben gibt es noch das neutestamentarische Apokryphon *Die Kindheitserzählung des Thomas* (ca. 200), das vom Kind Jesus erzählt, dessen Wort die Tat unmittelbar folgt. Diese Erzählung enthält wundersame Geschichten über den Knaben Jesus, der allerlei Wundertaten vollbrachte, die großes Erstaunen hervorriefen. Die Erzählung wird einem gewissen Thomas, dem *Israeliten,* zugeschrieben, der auch *der Philosoph* genannt wurde.[29]

Es war das Verdienst von Dr. Annine Mantz-van der Meer, daß sie in ihrer Dissertation *Auf der Suche nach Läuterung. Ursprung und Entwicklung der enkratitischen Askese bis zum Beginn des 13. Jahrhunderts* das *Leben von Alexis* (einem syrischen Heiligen, der zu Beginn des 5. Jahrhunderts in Edessa lebte) in Zusammenhang brachte mit dem *Thomaszyklus.*[30] In Edessa (dem heutigen Urfa im Südosten der Türkei) war Alexis als der *Mann Gottes* bekannt. Alexis lebte streng asketisch, und seine Geisteshaltung hat das mittelalterliche Europa stark beeinflußt. Er wollte bewußt ein *Armer Christi* sein. Sein Lebenswandel war für viele ein nachahmenswertes Vorbild. Edessa war in der Antike das Zentrum des aramäischen Christentums in Syrien und Mesopotamien. Zu Jesu Lebzeiten war das Aramäische in Palästina und in der Umgebung nordöstlich Palästinas die Verkehrssprache. Jesus selbst sprach Westaramäisch. In Edessa wurde Ostaramäisch gesprochen, uns besser bekannt als Syrisch.

Dr. Mantz-van der Meer hat in ihrer Dissertation darauf aufmerksam gemacht, daß in einer griechischen Handschrift aus dem 12. Jahrhundert eine alte syrische Fassung der Alexis-Legende überliefert wurde, an deren Schluß sich das *Leben des Apostels Thomas* anschließt. Spätere Bearbeitungen der Alexis-Legende weisen Elemente der syrischen *Abgar-Legende* auf. Abgar, auch bekannt unter dem Namen Abgarus V., Ukkama, war König von Osrhoëne, dessen damalige Hauptstadt Edessa war. Nach den Chroniken von Edessa regierte er zum erstenmal von 4. v. Chr. bis 7 n. Chr. und zum zweitenmal von 13 bis 50 n. Chr. Osrhoëne war zu Jesu Zeiten ein kleines Königreich einer jüdischen Dynastie, das schon bald von christlichem Einfluß beherrscht wurde.

Der Name Abgar ist semitischen Ursprungs und wahrscheinlich ein Synonym für (h)agîrâ, hinkend, womöglich ein Hinweis auf ein Fußleiden Abgars. Ukkama (ûkhâmâ) bedeutet *der Schwarze.*[31] Eine spätere Bearbeitung der Alexis-Legende erzählt davon, daß Alexis in Edessa nach einer uralten Abbildung Christi sucht. Die Abgar-Legende jedoch spricht von einem *Brief* und nicht von einer *Abbildung.* Nach der Legende soll es einen Briefwechsel zwischen König Abgar und Jesus gegeben haben. Abgar soll Jesus darum gebeten haben, ihn von seinem körperlichen Leiden zu heilen. Ausführlicheres erfährt man im *Briefwechsel Jesu mit Abgarus Ukkama von Edessa* des Propheten Jakob Lorber. Zwar wird die Existenz eines solchen Briefwechsels von Augustinus bestritten, doch Eusebius von Caesarea, der «Vater der Kirchengeschichte» (ca. 263–339), der um 313 Bischof von Caesarea in Palästina war und zu den Günstlingen des Kaisers Konstantin gehörte, schreibt in dem ersten Buch seiner zehnbändigen *Kirchengeschichte,* er habe diesen Briefwechsel in der königlichen Dokumentensammlung in den Archiven der

Stadt Edessa gefunden. Er weist auch darauf hin, daß er diesen Briefwechsel zwischen Jesus und Abgar sehr sorgfältig aus dem Syrischen ins Griechische übersetzt habe. Eusebius erzählt ferner von der Missionsarbeit eines gewissen Thaddäus oder Addäus, der von Thomas oder Judas nach Edessa entsandt worden sei, um dort das Evangelium zu verkünden. Es sei dieser Thaddäus gewesen, der König Abgar in der Lehre Jesu unterrichtet, ihn geheilt und in Osrhoëne viele Menschen zum Christentum bekehrt habe. Die *Doctrina Addai* – ein syrisches Dokument, das vermutlich aus der Feder des Addäus/Thaddäus stammt – geht näher darauf ein und erwähnt auch die ersten Briefe zwischen Jesus und Abgar. Die *Doctrina Addai* berichtet auch, daß ein Kurier von Abgar für den König ein Porträt Jesu gemalt habe.[32] Sollte dies alles auf Wahrheit beruhen, ist es nicht verwunderlich, daß Alexis nach einer *Leinwand* gesucht hat.

Für Alexis gibt es drei wichtige Eigenschaften: die freiwillige *Armut*, die *Keuschheit* und die *Abwendung* von der Welt. Drei Wesenszüge eines asketischen Christentums, die wir auch im Thomaszyklus erkennen, und die auf eine eigene Tradition hinweisen.

Das neutestamentliche Apokryphon *Die Thomasakten* erzählt von dreizehn *Acta* (Taten) des Thomas, an die sich ein Bericht von seinem Märtyrertod anschließt.[33] Bekannt ist das wunderschöne *Perlenlied,* in dem der Prozeß des Erwachens aus unserer Unwissenheit auf poetische Weise beschrieben wird.[34] Die Perle ist ein in vielen Religionen und Erzählungen bekanntes Symbol für die *erleuchtende Erkenntnis.*

Thomas wird auch Judas Thomas oder einfach Judas genannt. Thomas ist das aramäische Wort für *Zwilling.* Im *Johannesevangelium* wird Thomas dreimal mit dem Zusatz

Didymus bezeichnet (Jo 11,16; 20,24 und 21,2). Didymus ist das griechische Wort für *Zwilling.* In Syrien hatte man zwei Namen für ein und denselben Jünger: Judas und Thomas. Judas Thomas ist nicht zu verwechseln mit Judas Iskariot, der Jesus verriet. In alten syrischen Handschriften wird daher immer der Doppelname Judas Thomas verwendet. Im *Johannesevangelium* wird in aller Deutlichkeit gesagt: *nicht der Judas Iskariot* (Jo 14,22).

Die Thomasakten sprechen ausdrücklich von einem Judas, der der *Zwillingsbruder* Jesu ist.[35]

In Markus 6,3 wird Jesus der Bruder von Jakobus, Josef, Judas und Simon genannt.

Ob Didymus Judas Thomas tatsächlich ein Zwillingsbruder Jesu gewesen ist, läßt sich gewiß nicht ausschließen. Bedeutsamer ist jedoch, Thomas als einen *geistigen* Zwillingsbruder Jesu zu betrachten. Immerhin wurden ihm die *geheimen Worte* anvertraut, und in ihm ist die letzte Dualität von Meister und Schüler aufgehoben worden, wodurch er ein *Einsgewordener* wurde.

Das Wort *Einsgewordener* war in der syrischen Theologie ein wesentlicher Begriff. Später taucht es im Griechischen *monachos* wieder auf. Der *monachos* ist der *Einsgewordene,* der durch Gnosis die Vereinigung mit dem All erreicht hat.

Im Thomaszyklus verläuft der Weg zur Vereinigung mit *dem Vater,* mit dem All, unverkennbar über die Askese. Dabei kommt es weniger auf die *äußere* Askese, sondern vielmehr auf eine *innere* Askese an, die im Äußeren ihren Niederschlag findet. Die Wiege dieser Askese stand ohne Zweifel in Syrien, wo sie nicht nur in der *Doctrina Addai,* sondern auch in den Werken von Tatian und Aphraates zum Ausdruck kam. Nach der Lehre von Aphraates, dem ältesten syrischen Schriftsteller, ließ sich der Kontakt mit dem Geist nur über den Weg der Askese erreichen. Der Kontakt kam durch die *Taufe* zustande. Das *Taufen mit dem Geist* begegnet uns auch bei den Katharern. Der *parfait*, der Vollkommene, legte beim *consolamentum* seine Hände auf das Haupt des Novizen. Durch die Berührung des Wurzelchakra mit den Händen konnte die Energie des Geistes übertragen werden. Über diese *geistige Taufe* berichtet auch das *Philippusevangelium.* Nur ein keusches (jungfräuliches) Leben ermöglichte der Seele die Vereinigung mit dem Geist des Alls. Die Keuschheit oder Reinheit bezog sich auf alle Tore des Karmas: auf das Denken, das Sprechen, das Handeln und auch auf die Sexualität. Letztes und eigentliches Ziel des *Zölibats* war die *Hochzeit* mit dem *Königreich.* Nicht umsonst treffen wir in dem Wort Zölibat das Lateinische *coelus*, Himmel, und das Griechische *batein*, ehelichen, an. Die *Hochzeit* mit dem Geist des Alls ist eine Hochzeit, die die irdische transzendiert. Das asketische Christentum zeigt einen Weg zur Sublimierung der Sexualität. Der wahre christlich-asketische Weg darf nicht gesehen werden als der Weg der Unterdrückung von Gefühlen und Leidenschaften, sondern als die Frucht eines erfahrungsreichen Lebens. Wir brauchen uns nur das Leben des Buddha oder das des Franz von Assisi anzusehen, um festzustellen, daß ihre Askese ganz anders geartet ist als die, bei der menschliche Gefühle künstlich unterdrückt werden. Ihre Askese geht nicht hervor aus der Armut, sondern aus dem Reichtum in vielen Bereichen. Erst wenn dieser Reichtum zugunsten einer *inneren* Askese aufgegeben wird, kann sich die erleuchtende Erkenntnis offenbaren.

Im Christentum hat der asketische Weg, der zur Selbsterkenntnis führt, eine eigene Tradition. Aber es gibt auch andere Wege. So hat es in der Geschichte mehrere gnostische

Bewegungen gegeben, die einen mehr tantrisch geprägten Weg zur Erleuchtung gegangen sind. Daß sie von der Orthodoxie oft falsch verstanden wurden, sagt nicht unbedingt etwas über den Charakter dieser gnostischen Bewegungen aus. In den östlichen Religionen heißt der Weg des Zölibats *Brahmacharya*, was viel mehr beinhaltet als der bloße «Verzicht» auf Sexualität. Brahmacharya ist ein Läuterungsweg, der sich durch alle Bereiche hindurchzieht, so daß sich derjenige, der diesen Weg geht, schließlich mit *Brahman*, dem Ungrund aller Dinge, vereinigen kann.

Auch bei Tatian, der mit der römischen Kirche brach und die ostsyrische Kirche gründete, ist die strenge Askese der einzige Weg, der zur göttlichen Vereingiung führt. Daß Irenaeus ihn als Ketzer verurteilte, sagt alles über die damals überaus intolerante Haltung der Orthodoxie. Marcion brach ebenfalls mit der römischen Kirche. Als wohlhabender Reeder hatte er sie anfangs noch mit seinem Vermögen unterstützt, bis er mit den syrischen Gnostikern in Berührung kam (u.a. Cerdo). Auch Marcion wurde als Ketzer angesehen, obwohl er bis heute hohes Ansehen genießt. Martin Buber, Adolf von Harnack und C.G. Jung haben sich mit ihm beschäftigt, und Prof. Ernst Bloch machte in seinem Werk *Geist der Utopie* (1918) auf die Bedeutung Marcions aufmerksam.

Das Thomasevangelium ist die tiefgründigste und vollständigste Handschrift des Nag-Hammadi-Fundes und des Thomaszyklus. Die darin enthaltenen Weisheiten Jesu lassen enge Bezüge zur östlichen Weisheit erkennen, wie wir sie in den *Upanishaden*, der *Bhagavad-Gîtâ*, dem *Hsin-hsin-ming*, den Lehren des Buddha und der hinduistischen Advaita-Lehre finden.

Das Thomasevangelium weist auch viele asketische Züge auf. Zum Beispiel im 27. Logion, in dem *das Fasten gegenüber der Welt* auf die Transzendenz der Welt hindeutet. Doch nicht alle Gnostiker waren der Ansicht, daß die Welt transzendiert werden müsse. Viele wandten sich vollkommen von der Welt ab oder nahmen als ihren Schöpfer den Teufel oder den Demiurgen, den bösen Gott, an, wodurch ein scharfer Dualismus entstand. Plotin nahm dies zum Anlaß, eine Abhandlung *Gegen die Gnostiker (Enneaden,* II,9) zu schreiben. Der Titel stammt von seinem Schüler Porphyrius und bezieht sich auf einige Sektierer: *diejenigen, die dem Weltschöpfer* (Demiurg) *böse Absichten unterstellen.*[36] Für Plotin gab es nur das Eine.

Die Askese des *Thomasevangeliums* mündet nicht in einen unversöhnlichen Dualismus, sondern zielt immer wieder auf eine *innere* Askese, wie das 6. Logion beweist, in dem Jesus Fragen seiner Jünger nach den *äußeren* Formen des Fastens, Betens und Almosengebens beantwortet. Wir sollten sicherlich auch darauf achten, was in den Mund hineingeht. Doch noch wichtiger ist es, darauf zu achten, was aus dem Mund herauskommt (14. Logion). Solange wir die Welt nicht *überwinden,* sie transzendieren, sind wir *betrunken* von der Welt (28. Logion) und nicht in der Lage, den *Wein des Geistes* zu kosten. Erst wenn wir uns von unseren Auffassungen und Anhänglichkeiten befreien, erst wenn wir unsere *Kleider* ablegen (37. Logion), kann sich das Königreich offenbaren. Wo *ich* bin, gibt es das Königreich nicht. Wo das *Königreich* ist, bin ich nicht mehr.

Im *Thomasevangelium* treffen wir neben typisch östlichen Einflüssen auch Weisheiten aus asketischen, jüdisch-christlichen, gnostischen und hermetischen Quellen an. Verschiedene Religionswissenschaftler vermuten sogar, daß einige jüdische Missionare aus Palästina in Syrien Kontakte mit der Qumran-Bruderschaft unterhielten.

Prof. Dr. Gilles Quispel zeigte bereits in seinem Buch *Das Thomasevangelium und die Niederlande* auf, daß das *Thomasevangelium* auf eine uralte unabhängige aramäische Tradition zurückgeht. Anhand des in der Bibliothek des ehemaligen katholischen Priesterseminars in Haaren befindlichen Werkes *Das Leben Jesu* weist Prof. Quispel nach, daß dieses Buch bis zu dem *Diatessaron** des Syriers Tatian zurückreicht.[37] Bereits am 21. November 1953 schrieb Prof. Quispel darüber in der niederländischen Zeitung *Algemeen Dagblad:*

> *Wenn ich von einer unabhängigen Tradition spreche, meine ich damit auch, daß die Tradition, in der das Thomasevangelium steht, nicht als Quelle für unsere anerkannten Evangelien gedient hat. Ich sehe keine Anhaltspunkte dafür, daß diese Worte Markus beeinflußt hätten oder die gemeinsame Quelle von Matthäus und Lukas, die gemeinhin Q (Quelle) genannt wird, oder die Materie, die bei Matthäus oder bei Lukas allein beschrieben wird.*

Als die Wissenschaftler Grenfell und Hunt 1897 und 1903 in der Nähe des ägyptischen Dorfes Behnesa, wo einst die blühende Stadt Oxyrhynchos existiert hatte, die sogenannten Oxyrhynchos-Papyri entdeckten, waren viele Wissen-

* Das Diatessaron ist die von Tatian verfaßte Evangelienharmonie, die in der syrischen Kirche lange Zeit allgemeine Gültigkeit hatte, wie aus den Homilien (Predigten in der Form der Auslegung eines Bibeltextes) von Aphraates (337–345) und Eusebius hervorgeht. In dieser syrischen Bibelübersetzung, die auch ins Arabische übertragen wurde, wurden die vier (gr. tessares = vier), sich voneinander unterscheidenden Evangelien zu einer einzigen Erzählung zusammengefügt.

schaftler der Ansicht, daß die in diesen Papyri enthaltenen Worte Jesu auf das jüdisch-christliche *Evangelium der Hebräer* zurückgehen würden. Es war der Niederländer J.H.A. Michelsen, der damals die Vermutung äußerte, daß es sich bei diesen Worten um Fragmente des *Thomasevangeliums* handele, was durch den Fund von Nag Hammadi bestätigt wurde, trotz der Tatsache, daß einige Logien mit den Texten der kanonischen Evangelien übereinstimmen. Auf die unabhängige Tradition des *Thomasevangeliums* haben auch der bekannte Neutestamentler Prof. Dr. Oscar Cullmann, Prof. Dr. H. Ch. Puech und andere hingewiesen.

Wer sich mit dem *Thomasevangelium* beschäftigt, wird immer wieder feststellen müssen, wieviel östliche Weisheit doch darin enthalten ist. Dies legt die Vermutung nahe, daß Thomas und auch Jesus in Indien gewesen sein könnten. Im Laufe der Jahre sind sehr viele faszinierende Anhaltspunkte ans Tageslicht gekommen, die darauf hinweisen, daß Jesus stärker von der östlichen Weisheit beeinflußt wurde, als westliche Theologen zugeben wollen. Obwohl die *geheimen Worte, die Jesus der Lebendige sprach,* die Grenzen von Ost und West übersteigen, wäre es doch von großer Bedeutung, diese Frage in nächster Zukunft wissenschaftlich zu erforschen. Nicht zuletzt deshalb, weil Jesus dadurch vielleicht in einem ganz anderen Licht erscheinen würde. Die Orthodoxie hat sich Jesus auf sehr einseitige Weise einverleibt und so zur Quelle des einzig wahren Christentums gemacht; eine Betrachtungsweise, die durch den Fund von Nag Hammadi völlig unhaltbar geworden ist.

Waren Jesus und Thomas in Indien?

Eusebius von Caesarea schreibt in seiner *Kirchengeschichte* («Hist. Eccl.» III, I), daß den Aposteln nach dem jüdischen Aufstand gegen die Römer und dem Fall von Jerusalem im Jahre 70 n. Chr. eigene Arbeitsbereiche zugewiesen wurden, in denen sie das Evangelium zu verkünden hatten. Nach seinen Informationen sei Thomas zu den Parthen ausgesandt worden, Andreas zu den Skythen, Johannes nach Kleinasien und Petrus und Paulus ebenfalls nach Kleinasien mit Rom als Endstation. Auch Origines, in dessen Tradition Eusebius stand, berichtet, daß Thomas ins Reich der Parther (dem heutigen Iran) gegangen sei («In Gen.» III, I), was von Pseudo-Clemens bestätigt wird («Recogn.» IX, 29).

Die Parther waren ein iranisches Nomadenvolk, das 248 v. Chr. Parthien besetzte und das gleichnamige Reich gründete. Sie waren Anhänger von Zarathustra und sprachen Pehlewi (Partisch).

Was Johannes während seines Aufenthaltes in Kleinasien widerfuhr, kann man in den *Johannesakten* nachlesen. Näheres über die Missionstätigkeiten der Apostel Thomas, Andreas, Petrus und Paulus erfahren wir ebenfalls aus apokryphen *Akten*. Aus den *Thomasakten* geht eindeutig hervor, daß Thomas in Indien gewesen ist. Schon zu Beginn heißt es:

> *Nach dem Lose kam nun Indien an Judas Thomas, der auch Zwilling heißt. Er wollte aber nicht hingehen und sagte, er könne wegen der Schwachheit des Fleisches nicht reisen, und: «Wie kann ich, der ich ein Hebräer bin, reisen und den Indern die Wahrheit predigen?»*[38]

Thomas wollte also nicht nach Indien gehen und verweigerte anfangs den Gehorsam. Als Jesus ihn schließlich als

«Sklave» an den aus Indien stammenden Kaufmann Abban verkauft, stellt sich bei Thomas die vollkommene Bereitschaft ein, dorthin zu gehen, wohin ihn der Herr schickt. Die indischen Thomaschristen berufen sich bis heute auf *ihren* Apostel Thomas, der ihnen das Evangelium gebracht hat.

Eusebius zufolge war es Bartholomäus, der nach Indien geschickt wurde, und nicht Thomas.

Der syrische Kirchenlehrer Ephraim Syrus (306–373), der aufgrund seiner zahllosen Bibelauslegungen und geistlichen Lieder auch *Zither des Hl. Geistes* genannt wurde, weist in seinen *Hymni dispersi* V–VIII und in seiner *Carmina Nisibena* XLII eindeutig darauf hin, daß Thomas in Indien gewesen ist. Nachdem die Perser 363 Ephraims Geburtsstadt Nisibis erobert hatten, ging Ephraim nach Edessa, wo er bis zu seinem Tod unterrichtete. Er wurde nicht nur *Zither des Hl. Geistes* und *Prophet Syriens* genannt, sondern war auch als eifriger Verfolger von Ketzern und fanatischer Antisemit berüchtigt. Er leitete eine einflußreiche syrische Schule und bekämpfte mit seinen Gedichten wichtige Gnostiker wie Bardesanos, Marcion und Mani. Bekannt wurde er auch mit seinem Kommentar auf Tatians *Diatessaron.*

Nach einer alten Chronik aus Edessa soll Thomas in Indien gestorben sein, und seine Beerdigung soll in Edessa stattgefunden haben.

Näheres über den Tod des Apostels Thomas lesen wir am Schluß der *Thomasakten.* Thomas starb den Märtyrertod. Von vier Lanzen durchbohrt, wurde er in prächtigen Kleidern in einem ehemaligen Königsgrab bestattet. Einer von seinen Brüdern soll die sterblichen Überreste heimlich *in den Westen* gebracht haben.[39] In der siebten Akte wird Indien ebenfalls als Thomas' Aufenthaltsort genannt.

Als der Apostel Thomas in ganz Indien das Wort verkündigte, kam ein Kriegsoberster des Königs Misdai zu ihm und sprach zu ihm: «Ich habe von dir gehört, daß du von niemand Lohn nimmst, sondern (alles), was du hast, den Bedürftigen gibst. Denn wenn du Lohn nähmest, hätte ich dir eine angemessene Summe Geldes gesandt, und ich selbst wäre nicht hierher gekommen, denn der König führt nichts ohne mich aus. Denn ich habe viele Güter und bin reich, einer der Wohlhabenden in Indien.[40]

Die Thomasakten sind noch nicht hinreichend auf ihren indischen Ursprung erforscht worden. Zwar haben viele Wissenschaftler erklärt, daß diese *Akten* in Syrien beheimatet sind, doch die in den *Akten* erwähnte Reise von Thomas nach Indien wurde bisher nicht oder kaum beachtet. Außerdem wird bis heute immer noch angezweifelt, ob die in Indien ansässigen Thomaschristen tatsächlich aus einer dort von Thomas gegründeten Thomasgemeinde hervorgegangen sind. Irgendwie hat die Orthodoxie mit Indien nicht viel im Sinn, und es hat den Anschein, als habe sie den Osten als Quelle grundlegender Lehren Jesu immer ausschließen wollen.[41]

Daß die Kirchenväter von Indien keine hohe Meinung hatten, geht z.B. aus der Schrift *Widerlegung aller Häresien* des griechisch sprechenden römischen Bischof Hippolytus hervor, in der es heißt:

Bei den indischen Brahmanen gibt es eine Schule von Philosophen, die ein einfaches Leben führen, sich tierischer und am Feuer bereiteter Nahrung enthalten... Sie sagen, Gott sei Licht, nicht ein sichtbares wie die Sonne oder das Feuer, sondern ihnen ist Gott Wort, nicht das artikulierte, son-

dern das Wort der Erkenntnis (gnosis), durch das die Weisen die Geheimnisse der Natur schauen.[42]

Eine solche Aussage verrät das vollkommene Unverständnis für die Weisheit der Brahmanen. Das Licht, von dem die Brahmanen sprachen, wird auch im *Johannesprolog* und im 24. Logion des *Thomasevangeliums* erwähnt (siehe unten).

Gleichfalls ist die Tatsache, daß Jesus Vegetarier war, worüber einige Quellen berichten, der Orthodoxie anscheinend entgangen. Schon im apokryphen Evangelium der Ebioniten wird erzählt, daß Jesus und Johannes kein Fleisch aßen.

Plinius schrieb in einem Brief an Trajanus, die ersten Christen würden nichts essen, wofür Leben getötet werden müßte. Von den Essenern, Marcioniten, Severianern, Katharern und vielen anderen Anhängern gnostischer Bewegungen weiß man, daß sie Vegetarier waren. Auch die ersten Kirchenväter wie Justinus, Clemens von Alexandria, Tertullian, Origenes, Tatian, Lactantius, Hieronymus und Augustinus verzichteten bei ihren Speisen auf Fleisch.

Clemens erwähnt in seinem *Paedagogus* II, 1 ausdrücklich, daß sich der Apostel Matthäus von Körnern, Nüssen, Früchten und Gemüse ernährte.

Und Petrus schreibt in seinen *Clementinischen Homilien* XII, 6, daß er nur Brot und Oliven und dann und wann ein wenig Gemüse zu sich nahm.

Über Jakobus den Gerechten, von dem im 12. Logion die Rede ist, schrieb der christliche Historiker Hegesippus (2. Jh.) im 5. Teil seiner anti-gnostischen *Hypomnemata* (Erinnerungen), daß sich Jakobus tierischer Nahrung, Wein und gärender Getränke enthielt. An anderer Stelle *(Kirchengedichte* II, 2, 3) erzählt Hegesippus über den Apostel Johannes, daß dieser ebenfalls Vegetarier war.

Doch auch hier gelten die Worte Jesu aus dem 14. Logion:

Denn was in euren Mund hineingeht,
wird euch nicht verunreinigen,
aber was aus eurem Mund herauskommt,
das ist es, was euch unrein macht.

Dies bezieht sich nicht nur auf die gesprochenen Worte, sondern auch darauf, daß ein reines Herz wichtiger ist als äußerliche Hygiene. Die Orthodoxie hat viele Texte über den Vegetarismus unterschlagen oder verfälscht. Jesus sprach seine Worte zu den Schriftgelehrten, die sich daran störten, daß die Apostel Jesu ihr Brot mit ungewaschenen Händen aßen.

Auch in *The gospel of the holy twelve* lesen wir über eine von Jesus praktizierte vegetarische Lebensweise. *The gospel* ist eine aus Tibet stammende Übersetzung eines aramäischen Manuskriptes, das eine Essener Gemeinschaft einem buddhistischen Kloster zur Aufbewahrung gegeben haben soll. Der Inhalt soll einem gewissen Rev. Gideon Jasper Richard Ouseley in *Träumen und nächtlichen Visionen* übermittelt worden sein. Vielleicht eine weniger zuverlässige Quelle. Doch wer das Werk liest, stößt auf markante Hinweise.[43]

Viele indische Quellen sind vom orthodoxen Christentum abgewehrt oder verschwiegen worden. Daß z.B. der Manichäismus stark buddhistische Einflüsse aufweist, wird einem gewissenhaften Forscher nicht entgehen. So besteht eine auffallende Gemeinsamkeit zwischen den zehn moralischen Regeln von Mani, den *chawatims*, und den *sila*, den zehn Lebensregeln des Buddha.

Neben der umfassenden okkulten Literatur, die der Frage nachgeht, ob *Jesus* in Indien gelebt hat, gibt es auch viele wissenschaftliche Veröffentlichungen, die in dieser Sache zum Nachdenken anregen.

Obwohl nicht-jüdische Geschichtsschreiber wie Sueton, Tacitus, Plinius der Ältere und Baedecker Jesus kaum erwähnen, darf dies kein Grund zu der Annahme sein, daß es den historischen Jesus nicht gegeben habe. Daß der berühmte jüdische Historiker Flavius Josephus und der bekannte Philosoph Philo von Alexandria ihn ebenfalls nicht erwähnen, könnte sogar ein Hinweis auf einen römisch-jüdischen Konflikt bezüglich der Person Jesu sein. Vielleicht trauten sich die Schriftsteller und Denker jener Zeit nicht an eine Beschreibung der für die etablierten Mächte so kontroversen Gestalt Jesu heran. Vielleicht fürchteten sie, innerhalb der Gesellschaft an Glaubwürdigkeit zu verlieren. Es wäre nicht das erste Mal, daß bedeutende Persönlichkeiten und Bewegungen in den Geschichtsbüchern bestimmter Länder verschwiegen werden, während man sie in anderen Ländern hervorhebt. Außerdem, wenn Jesus nur einige Jahre unter den Juden gepredigt und den größten Teil seiner Jugend im Ausland, zum Beispiel in Indien, verbracht hat, müssen wir dort mehr Spuren finden als in den Büchern bekannter römischer und jüdischer Geschichtsschreiber seiner Zeit. Daß wir heutzutage nähere Einzelheiten über das Leben Jesu kennen, ist vor allem den Essenern zu verdanken, die in den kanonischen Evangelien nicht einmal erwähnt werden! Verständlich, wenn wir annehmen, daß Jesus womöglich ein Essener war. Die Essener lebten hauptsächlich an der Nordwestküste des Toten Meeres, unweit der Jordanmündung und in der Nähe von Alexandrien. Ihre Lebensweise zeigt in vieler Hinsicht (z.B. in bezug auf Reinlichkeit und Hygiene) Ähnlichkeit mit der Qumran-Bruderschaft, von der die gleichnamigen Qumran-Rollen sprechen.

Plinius der Ältere, Philo von Alexandria und vor allem Flavius Josephus sprechen voller Lob über die Essener. Aber auch Kirchenväter wie Epiphanius, Eusebius und Hippolytus erwähnen sie, und bei Porphyrius, Strabo und Chaeromom erfahren wir sogar nähere Einzelheiten.

Es war in erster Linie Flavius Josephus (37–ca. 100 n. Chr.), dem wir genauere Informationen über die Essener verdanken. In seiner Autobiographie, die seinem Werk *Die jüdischen Altertümer* («Antiquitates Iudaicae») nachgestellt wurde, beschreibt er, wie er die drei religiösen Strömungen seiner Zeit experimentell untersuchte: die Pharisäer, die Sadduzäer und die Essener. Er verbrachte drei Jahre bei dem Essener-Einsiedler Bannus und mußte viele Proben, Initiationen und Entbehrungen durchmachen. In seinen Werken *Die jüdischen Altertümer* und *Der jüdische Krieg* («De bello Iudaico») gibt er einen ausführlichen Bericht über die Essener und macht keinen Hehl daraus, daß er sie den Pharisäern und Sadduzäern vorzieht, denen er nur jeweils einige Zeilen widmet. Für Josephus sind die Essener die ehrlichsten Menschen der Welt. In seinem Buch *Der jüdische Krieg* heißt es, *obwohl sie sicherlich von den Juden abstammen, zeigen sie mehr Freundschaft und Liebe für andere als sonstige Juden* (2. Buch, Kap. 8, Vers 2–13).

Dennoch trat Josephus der führenden Bewegung der Pharisäer bei. In seinem Herzen war er ein Essener, doch um seine Arbeit ausführen zu können, brauchte er die Pharisäer. Reiner Opportunismus also.

Die Essener kannten kein Privateigentum. Sie zeichneten sich durch ein in jeder Hinsicht einfaches Leben aus, aßen streng vegetarisch (Körner, Früchte, Gemüse) und tranken nur Regen- oder Quellwasser. Sie liebten die Stille, studierten alte Bücher, fanden ein vorbildliches Leben wichtiger als zahllose Regeln und versammelten sich immer am siebten Wochentag (am Sabbat der Pharisäer!). Sie waren heitere Menschen, die Musik und Tanz liebten. (In den *Johannesakten* begegnet uns ein tanzender Jesus und in den *Thomasakten* singt Thomas mehrmals Lieder.) Ihre Heilkunst machte sie sehr berühmt. In Palästina hießen sie Essener, in Ägypten nannte man sie Therapeuten.[44]

Gestalten wie Johannes der Täufer, Johannes, der Lieblingsjünger Jesu, und Jesus selbst werden erst verständlich vor dem Hintergrund der Essener *(Wehe den Pharisäern!,* 102. Logion).[45] Plinius der Ältere beschreibt die Essener in seiner *Naturgeschichte* als *eine Rasse an sich, bemerkenswerter als jede andere Rasse der Welt.* Seiner Meinung nach sind sie die ältesten Initiierten, deren Tradition über Ägypten bis nach Zentralasien zurückreiche.

Philo von Alexandria vergleicht sie mit persischen Magiern und indischen Yogis.

Wenn Jesus von bestimmten Autoren seiner Zeit verschwiegen wurde, und die Essener in den kanonischen Evangelien nicht namentlich benannt werden, sollte uns dies nachdenklich machen, zumal wir wissen, daß ihre Tradition bis nach Zentralasien zurückreicht.

Von welcher Warte aus man Jesus auch betrachtet, ob aus doketischer oder eher aus mythischer Sicht: Tatsache ist, daß eine Menge Faktenmaterial vorliegt, das zu neuen Erkenntnissen führen könnte. Nähere Einzelheiten über die *unbekannten Jahre* Jesu finden wir nicht nur in gnostischen und esoterischen Büchern. Es gibt auch andere Hinweise.

Es war der ruhmreiche indische Kaiser Ashoka, der im 3. Jahrhundert v. Chr. die Lehre des Buddha über ganz Indien und die Nachbarländer verbreitete. Da Ashoka in seinem Edikt ausdrücklich König Ptolemäus Philadelphos von

Ägypten (285–247 v. Chr.) erwähnt, kann man davon ausgehen, daß die Lehre des Buddha auch bis Alexandrien, wo die berühmte alexandrinische Bibliothek beheimatet war, vorgedrungen ist. Schon zur Zeit der Ptolemäer war Alexandrien das weltweite Zentrum des Hellenismus, nicht zuletzt aufgrund seiner zentralen Handelsposition, des berühmten Museions mit der alexandrinischen Bibliothek und des Tempelkomplexes des ägyptischen Gottes Serapis, ebenfalls mit einer Büchersammlung. Alexandrien war der Schmelztiegel von Religionen und Völkern schlechthin, Mutterschoß unzähliger gnostischer Bewegungen und «Labor» vieler Hermetiker und Alchemisten. Hier verschmolzen die unterschiedlichen religiösen Systeme und Philosophien zu einem Synkretismus, der für viele gnostische Systeme charakteristisch werden sollte. Altiranische, ägyptische, mesopotamische, babylonische, griechische, indische und vor allem auch jüdische Glaubensüberzeugungen und Philosophien fanden ihren Weg durch die Retorten dieses immensen Schmelztiegels und kristallisierten zu farbigen, manchmal geradezu chamäleonartigen Kosmologien. So fanden die jüdische und hellenistische Philosophie ihre Synthese in der jüdisch-alexandrinischen Philosophie des Philon von Alexandria (20 v. Chr. – 50 n. Chr.). Ebenso wie Jesus von jüdischen und römischen Geschichtsschreibern und Philosophen kaum erwähnt wurde, so findet sich im ehemaligen Alexandrien kaum noch eine Spur des Buddha. Der Brand der alexandrinischen Bibliothek kann dafür nicht die einzige Ursache gewesen sein, denn es hat auch außerhalb dieser Bibliothek immer wichtige religiöse Quellen gegeben.

Dennoch hat der Buddha Millionen von Menschen inspiriert, und seine Lehre reichte bis ins hellenistische Reich, das durch Handels- und Karavanenrouten mit Indien verbunden war. Die Lehre des Buddha ist in das Gedankengut des hellenistischen Reiches eingegangen (wenn auch nicht in seiner ursprünglichen Form), doch in den jüdischen und römischen Annalen der Zeit treffen wir seinen Namen nicht an. Nur in der aus dem 6. Jahrhundert n.Chr. stammenden Legende von *Barlaam und Joasaph,* die Joasaph Damscenus von Indien in den Westen brachte, findet sich eine Spur des Buddha. Fragmente dieser Legende tauchen in mehreren Geschichten der Weltliteratur auf, z.B. in Erzählungen von Boccacio, John Gover, Dante und Shakespeare. Erst im 13. Jahrhundert erfahren wir aus den Reiseberichten des Marco Polo etwas über einen gewissen *Sagamoni Borcan* (Sagamoni ist Sakyamuni und Borcan ist die mongolische Bezeichnung für den Buddha):

> *Und dieser Sagamoni Borcan war der beste Mensch, der jemals unter ihnen geweilt hatte und der erste Heilige, den sie hatten.*[46]

Marco Polo sprach auch voller Ehrfurcht über die *Bregomani* (die Brahmanen), die nicht lügen, auf den Verzehr von Fleisch und Wein verzichten, keine Tiere töten und keusch leben.

Prof. Dr. Karl Eugen Neumann, der die Lehren des Buddha als erster aus dem Pâli ins Deutsche übertragen hat, machte schon zu Beginn dieses Jahrhunderts auf Dantes *Divinia Commedia* aufmerksam, in der auf den Buddha hingewiesen wird. Dante schreibt *(Paradiso* XIX, 70–75):

> *(…)*
> *Es wird ein Mensch geboren*
> *Am Indus, und dort kann ihm niemand reden*

Von Christus, auch nicht lesen oder schreiben.
Und dennoch wäre gut sein Tun und Wollen,
Soweit der menschliche Verstand es siehet,
Und sündenlos ist er in Wort und Wandel;
(...)[47]

Allem Anschein nach war der Einfluß des Buddhismus auf die alexandrinische Kultur größer als gemeinhin angenommen wird. Prof. Dr. Lorenzo, ein Freund Neumanns, schrieb darüber:

> *Aus der von Asoka bis an die Mittelmeerküste ausgesandten Botschaft – in einer Zeit, als Rom noch nicht die Oberherrschaft hatte – wird uns ersichtlich, wie gerade die Keime des Buddhismus später in der alexandrinischen Kultur (die eine Mischung war aus Elementen der platonischen, stoischen, kynischen und epikureischen Philosophie einerseits und dem hebräischen Essenismus Palästinas sowie dem indo-persischen Mithras-Kult in Rom andererseits) dazu beigetragen haben, daß drei Jahrhunderte später aus dem großen Schmelztiegel des Römischen Reiches der neue Begriff des Christentums zum Vorschein kam. Die Auswirkungen dieses buddhistischen Einflusses sind in dem zwischen 1909 und 1910 in Philadelphia und Tokio erschienenen Werk* Die Evangelien Christi und des Buddha *des Amerikaners Albert Edmunds und des Japaners Masaharu Anesaki dokumentiert worden.*[48]

Lorenzo war sogar der Ansicht, daß der buddhistische Erlösergedanke in dem damaligen geistigen Gedankengut Europas eine vorherrschende Rolle gespielt habe.

So konnte es vielleicht geschehen, daß dieses bei den Essenern bestehende latente Verlangen nach Erlösung zu dem großen Feuer der Verkündigung Jesu des Nazaräers aufflammte, eine Flamme, die sofort von den verwandten nichtjüdischen Stämmen Europas übernommen und später auch genährt wurde. Die Hebräer und die anderen Semiten wirkten dieser Verkündigung, die in deren Gefühlen und Auffassungen keinerlei Echo fand, von Anfang an entgegen. Die Flamme fand vor allem in der Welt des Römischen Reiches einen geeigneten Nährboden, wo die Geister von den stoischen und epikureischen und auch von den platonischen Lehren bereits vorbereitet worden waren. Die platonischen Lehren erfuhren später bei Plotin eine Erneuerung und blühten auf wundersame Weise im Johannesevangelium auf.[49]

Daß Plotin seine Ausbildung aller Wahrscheinlichkeit nach in Alexandrien genossen hat, und daß seine Freundschaft mit Kaiser Gordianus ihn im Jahre 243 n.Chr. u.a. nach Indien brachte, dürfte hinreichend bekannt sein. Weniger bekannt dagegen ist das klassische buddhistische Werk *Milindapañha* (Pali: «DieFragen des Königs Milinda»). Das Werk ist verfaßt in Form eines Dialogs zwischen dem griechischen König Menandros (im Pali Milinda), der im 2. Jahrhundert v.Chr. über Nordindien herrschte, und dem großen Weisen Nâgasena. Aus den Dialogen geht hervor, daß Milinda immer wieder zugestehen muß, daß die buddhistische Weisheit die der griechischen Philosophen übertrifft.[50] Die indische Weisheit hat sich auch in den Namen einiger griechischer Philosophen niedergeschlagen. Ein Beispiel dafür ist der Name Pythagoras, der mit dem sanskritischen Wort Guru zusammenhängt, was Meister oder Lehrer bedeutet. Pythagoras war der Lehrer (Guru) des Vaters (Sanskrit: pitta) und hielt sich u.a. eine Zeitlang in Indien auf. Das Wort Guru war in Kleinasien und Griechenland bekannt und hatte sich dort auch eingebürgert. In veränderter Form treffen wir es auch in den Namen Protagoras und Anaxagoras an.

Es steht außer Zweifel, daß der Buddhismus und andere östliche Lehren einen starken Einfluß auf Alexandrien und das spätere Christentum ausgeübt haben. Und es ist sogar anzunehmen, daß *Jesus*, der Kontakte zur Gemeinschaft der Essener unterhielt (über die wir heute mehr wissen dank der Entdeckung der Schriftrollen vom Toten Meer), über sie nach Indien gelangt ist. Auf dem Stadttor der altindischen Stadt Tuttypore Sikri, erbaut von einem mongolischen Kaiser, sind folgende Worte zu lesen:

> *Jesus, über den Frieden sei, hat gesagt: «Diese Welt ist nur eine Brücke. Gehe über sie hinweg, aber baue dort nicht deine Wohnung.»*[51]

Ferner existiert ein ausgezeichnet dokumentiertes Manuskript über *Das unbekannte Leben Jesu Christi*, das aus einem buddhistischen Kloster in Himis im Gebirge von Ladakh stammt. Entdeckt wurde es von Nicolas Notovich, der es 1894, nach mehreren Auseinandersetzungen mit den kirchlichen Autoritäten und dem Philosophen Renan, in Frankreich veröffentlichte. Von diesem Manuskript, das vom Leben des *heiligen Issa* (Jesus) handelt, soll es angeblich eine Pali-Fassung und eine tibetische Fassung geben.[52]

Der Religionswissenschaftler A. Faber-Kaiser hat in seinem Buch *Jesus died in Kashmir* das Leben Jesu zwischen dem 12. und dem 29. Lebensjahr untersucht. Er kommt darin zu dem Schluß, daß Jesus in Indien gewesen sein muß, und schließt sich der Überzeugung einiger Gnostiker an, daß Jesus nicht am Kreuz gestorben sei. Auch bei Faber-Kaiser führt die Spur nach Ladakh im allgemeinen, das im östlichen Teil der Staaten Jammu und Kaschmir liegt, und nach Himis im besonderen.[53] Er erwähnt in seinem Buch das Werk *In the World's Attic* von Lady Henrietta Merrick, in dem sie bestätigt, daß Himis der Fundort des Manuskriptes ist, und daß Jesus unter Jubelrufen in Leh, der Hauptstadt von Ladakh, empfangen wurde.[54]

In den Felsen von Ladakh und des Nachbarlandes Tibet finden sich noch Inschriften, die von nestorianischen Christen stammen; u.a. im ca. 60 Meilen von Leh entfernten Tankse. Die Nestorianer, die im Grunde die Tradition der syrisch-aramäischen Kirche mit dem Zentrum Edessa fortgeführt haben, trugen das Christentum mit großem Sendungseifer bis nach Indien und China.

Prof. Dr. Fida Hassnain, Archäologe und Indologe und lange Zeit Leiter des Instituts für Oriental Research in Srinagar, kommt nach 20jähriger Forschung ebenfalls zu der Schlußfolgerung, daß Jesus unter dem Namen Yuz Asaf einige Zeit in Indien verbracht habe, daß er die Kreuzigung überlebte, in Kaschmir gestorben sei und in Srinagar begraben liege. Er beruft sich dabei auch auf Notovich. In seinem kürzlich veröffentlichten Buch *The fifth gospel* hat Hassnain seine Hypothesen untermauert.[55]

Der Historiker Dr. Hugh Schonfield dagegen, der intensiv über die Schriftrollen vom Toten Meer und die Essener geforscht hat, kommt in seinem Buch *The Essene Odyssee* zu dem Schluß, daß das Grab in Srinagar, das Jesus zugeschrieben wird, eher das des *Wahren Lehrers* der Essener ist, von dem die Qumran-Rollen berichten. Auch die Legende von *Barlaam und Joasaph,* die vom Leben des Buddha inspiriert wurde und bei den Katharern in hohem Ansehen stand, wurde von Dr. Schonfield eingehend untersucht.[56]

In dem in Sanskrit verfaßten Hinduwerk *Bhavishyam Maha Poerana* eines gewissen Sutta (ca. 115 n. Chr.) ist von Isa Massi die Rede (Arabisch für Jesus Christus), der mit dem indischen Radscha Salewakin zusammentrifft. Diese Quelle wird nicht von jedem Wissenschaftler als «zuverlässig» angesehen, doch sie regt zum Nachdenken an.

Viele Autoren, auch solche mit einem wissenschaftlichen Hintergrund, haben sich mit dem *verborgenen Leben* Jesu befaßt. Sie alle sahen in Indien das Land, in dem sich Jesus vorwiegend aufgehalten haben soll. Wir denken dabei an Autoren wie Ernst Renan *(La vie de Jésus,* 1863), Paul Reboux *(La vie secrète et publique de Jésus-Christ,* 1955) und Holger Kersten *(Jesus lebte in Indien).* Es mag stimmen, daß die von ihnen angeführten Argumente nicht immer gleich stichhaltig sind, doch sie weichen alle von den ausgetretenen Pfaden ab, und sie führen alle zu einer neuen und schlüssigen Sicht auf das Leben Jesu.

Schon Prof. Dr. H. Bakels machte in seinem Buch *Die Ursprünge des Christentums* (1923) auf die interessanten Gemeinsamkeiten zwischen der Lebensgeschichte Jesu und der des Buddha aufmerksam und wies den Einfluß Indiens im Christentum nach. Der Philosoph Ludwig Büchner behauptete bereits 1868, daß der wesentliche Bestandteil des Christentums aus dem Osten stamme, und der Autor Eitel brachte 1871 ebenfalls seine Vorliebe für Indien zum Ausdruck. Nach Eitels Auffassung hat Jesus die Lehre des Buddha nach Palästina gebracht, nachdem er zwischen dem 12. und 30. Lebensjahr in Ägypten und Indien gelebt habe. In Indien sei er unter der Führung von buddhistischen Mönchen zum Arahanten geworden, zum vollkommenen Heiligen. Als er die Lehre des Buddha nach Palästina gebracht hatte, verlor diese bald ihre Reinheit und Ursprünglichkeit, weil die jüdische Orthodoxie sie ablehnte. So Eitel.

Von bahnbrechender Bedeutung ist das Werk *Das Evangelium Jesu in seinen Verhältnissen zur Buddhalehre, mit fortlaufender Rücksicht auf andere Religionskreise untersucht* von Prof. Dr. R. Seydel. Auch Dr. Hellmut von Schweinitz hat auf die mannigfache Beeinflussung des Christentums durch den Buddhismus hingewiesen.

Der Avatar unserer Zeit, Sathya Sai Baba, hat mehrmals erklärt, daß die Wurzeln der Lehren Jesu in Indien zu finden seien. Nach Meinung von Sai Baba lebte Jesus in mehreren Klöstern im Himalaya und in Kaschmir, wo er unter dem Namen Isa bekannt war. Der Name Isa stammt von Ishvara, Herr des Universums.

Wer sich in all diese Hintergründe vertieft, wird sich des Eindrucks nicht erwehren können, daß viele Texte aus Nag Hammadi einen typischen östlichen Charakter haben, daß Verbindungslinien existieren zwischen dem Leben Jesu und der Bruderschaft von Qumran, die Kontakte mit Indien unterhielt, und daß im *Thomasevangelium* unverkennbare Spuren vorhanden sind, die nach Indien hindeuten.

Der prominente Buddhismuskenner Prof. Dr. Edward Conze bestätigt, daß *Buddhisten in Verbindung mit den Thomaschristen (...) in Südindien standen.*[57]

Die Frage, ob Indien als eine der wichtigsten Quellen der Lehren Jesu anzusehen ist, ließe sich noch durch zahlreiche andere Beispiele ausweiten. Bisher liegen kaum intensive vergleichende Forschungen vor, die sich mit der Frage befassen, ob Jesus und Thomas wirklich in Indien gelebt haben, und welche großen Folgen dies für die überlieferten Lehren hatte (wie sie sich in den Nag-Hammadi-Schriften und besonders im *Thomasevangelium* zeigen). Interessierten Doktoranden bietet sich hier eine Fülle von Themen an!

Doch nun genug zu den Hintergründen des *Thomasevangeliums.* Viel wichtiger ist das Königreich, von dem in diesem wundervollen Evangelium etwa sechsundzwanzigmal die Rede ist.

Der belgische Mystiker und Dichter Erik van Ruysbeek hat dieses Evangelium neu bearbeitet und eigene poetische Reflexionen dazu verfaßt. Im folgenden möchte ich Erik van Ruysbeek kurz vorstellen.

Erik van Ruysbeek, Mystiker und Dichter

Erik van Ruysbeek, Pseudonym für André van Eyck, wurde am 25. April 1915 in Brüssel geboren, in derselben Stadt, in der im 14. Jahrhundert der bekannte Mystiker Jan van Ruusbroec über 25 Jahre lang zu Hause war.[58]

In der niederländischen Enzyklopädie *Winkler Prins* ist über Erik van Ruysbeek folgendes zu lesen:

> *Er debütierte in der Stilart der Vijftigers*, doch unter dem Einfluß östlicher Religionen und Philosophien und der Mystik entwickelte sich seine Sicht auf die Welt und das Leben in eine ganz andere Richtung. Sie blieb jedoch immer im Bereich des geistigen Experiments und der persönlichen*

* Als «Vijftigers» (wörtl. «Fünfziger») bezeichnete sich in den 50er Jahren eine Gruppe von experimentellen niederländischen Dichtern, die eine poetische Revolution auslöste. Analog zu der «Beweging van Tachtig» (eine in den 80er Jahren des 19. Jhs. begründete literarische Bewegung) werden sie auch die «Beweging van de Vijftigers» genannt.

Erfahrung. In seiner Poesie und auch in seiner beschaulichen Prosa mündet diese Sichtweise, vor allem seit den sechziger Jahren, in die positive und optimistische Betonung einer universalen Wirklichkeit, in der das Individuelle und das Rationale transzendiert werden. Der Mensch als Komplex materieller, religiöser und metaphysischer Dimensionen bewegt sich in einem All, in einer unauflösbaren Einheit, in dem das Endliche und das Unendliche, das Eine und das Viele gleichzeitig präsent sind. Van Ruysbeeks Poesie hat eine eigene Größe. Die Verse bleiben innerhalb des Bildlichen, Beschaulichen und Formulierenden und wachsen nicht zur Verzückung, Verzauberung oder Vision aus.

Wenn ich Erik van Ruysbeek diesen Text vorlesen würde, würde er lächeln. Literarischen oder mystischen Kreisen hat er sich niemals aufgedrängt. Sein Einfluß ist dennoch unverkennbar groß. Dafür sorgen die zahllosen Veröffentlichungen und vor allem auch die Qualität seiner geistigen Präsenz. Meiner Ansicht nach trifft auf ihn der 2. Spruch von Lao Tses *Tao-Te-King* zu:

Deshalb verweilt der Weise
bei allem, was er tut, im Nicht-Tun
und lehrt nicht durch Worte.

Die zehntausend Dinge gehen aus dem Weg hervor,
doch er erhebt keinen Anspruch auf Macht;
er schenkt ihnen Leben,
doch er erhebt keinen Anspruch auf Besitz;
er hilft ihnen
doch er verlangt keinen Dank;
er vollendet sein Werk,

doch er erhebt keinen Anspruch auf Ehre.
Weil er keinen Anspruch auf Ehre erhebt,
kommt ihm stets Ehre zu.[59]

In dem Buch *Raaklijnen van het licht. Huldeboek voor Erik van Ruysbeek* (Tangenten des Lichtes. Festschrift für Erik van Ruysbeek) schreiben einige seiner Freunde voller Wärme und Zuneigung über ihn.

Erik van Ruysbeek erwarb sein Lizentiat in Deutscher Philologie an der Universität Leuven und unterrichtete 30 Jahre lang in Brüssel als Studienrat, als Dozent an der Fachhochschule für Übersetzer und Dolmetscher und als Literaturdozent am Königlichen Konservatorium.

Er schrieb zahllose Gedichtbände, Essays, Romane und Artikel, von denen einige ausgezeichnet wurden.

Durch die tiefe Freundschaft, die sich zwischen ihm und mir entwickeln durfte, erfahre ich in ihm bis heute die ganz besondere Ausstrahlung eines großen Mystikers und Dichters, der eigentlich lieber in den Wäldern der Ardennen leben würde als im Lärm der Großstadt, aber aus rein praktischen Gründen in Brüssel wohnen bleibt. Erik van Ruysbeek liebt Bäume, rauschende Bäche, die Kühle einer Brise, Wildschweine auf einer Waldlichtung und singende Vögel, nicht aber die turmhohen EG-Gebäude, die sich fast jedem Sonnenstrahl in den Weg stellen. Er bevorzugt den schmalen Feldweg und nicht den breiten Verkehrsring, über den Tag für Tag Tausende von Autos rasen. Wer Erik van Ruysbeek wirklich begegnet, weiß, daß er nur von einer einzigen Sache beseelt ist, von der Hoffnung, daß der Mensch einst seinen wahren Ursprung entdecken möge, so daß in unserer von Verwunderung und Bestürzung geprägten Welt die Liebe erblühen kann.

Grundlegendes Thema seines Gesamtwerkes ist die Erfahrung der mystischen Erleuchtung, die von ihm in aller Bescheidenheit beschrieben wird. In der von ihm bevorzugten Stilrichtung der zarten Poesie versucht er immer wieder aufs neue dem Unsagbaren, dem Unbeschreibbaren, das nur in der Stille seiner Worte nachempfunden werden kann, Ausdruck zu verleihen.

Die *universale Wirklichkeit,* von der Erik van Ruysbeek immer wieder spricht, bezeichnet er hauptsächlich mit dem Wort *Ungrund,* das, wie wir bereits erwähnten, dem Mystiker Jakob Böhme entlehnt wurde. Den Ungrund beschreiben zu wollen, heißt das Unfaßbare fassen zu wollen. Nur die Parabal, der Koran, die Erzählung und die Poesie können uns bis kurz vor den Schleier führen, der unser ursprüngliches Antlitz verhüllt. Sind wir soweit gekommen, obliegt uns die Aufgabe, nicht vor dem Schleier stehen zu bleiben, sondern unsere *Sichtweise* auf uns und die Welt zu verändern, wodurch wir von innen nach außen sehen können, durch den Schleier hindurchschauen können, in der Erkenntnis, daß dieser Schleier der sich ständig wandelnde und Myriaden von Lebensformen bedeckende Mantel ohne Anfang und ohne Ende ist. Dies erfordert eine absolute Einheit zwischen dem Sehen und dem Gesehenen. Erst dann offenbart sich das *Unsichtbare Mysterium,* das auch die Quantenphysik zu erreichen versucht.

Die Mystik Erik van Ruysbeeks ist vergleichbar mit der eines Meister Eckhart, eines Ruusbroec, eines Tauler und eines Johannes vom Kreuz. Seine Erfahrung der unergründlichen Wirklichkeit ist am ehesten mit der tiefen Mystik Meister Eckharts vergleichbar, obwohl die Art der Darstellung eine ganz eigene ist.

Erik van Ruysbeek beschäftigte sich jahrelang intensiv mit

den Veda, den Upanishaden, dem Hinduismus, dem Buddhismus, der chinesischen Weisheit von Lao Tse und Chuang Tse und anderen, und er las die Werke von Sri Aurobindo und vielen anderen Erleuchteten des Ostens. Dadurch konnte er später auf einer immer tieferen Ebene auch den Reichtum der westlichen Esoterik, Symbolik und Gnostik ergründen, die er als *Hilfsmittel* ansieht, um zum *Ungrund* des Lebens vorzudringen. Gerade durch die Beschäftigung mit der östlichen Weisheit lernte Erik van Ruysbeek den Westen besser verstehen, und durch die eigene *Erfahrung* konnte er schließlich die künstlichen Grenzen zwischen Ost und West, Nord und Süd überschreiten. Zu ihm paßt keine Lehre oder Religion, die vorgibt, die einzige Wahrheit zu enthalten. Er sieht nur Strahlen von ein und derselben Sonne.

Seine *Mystik ohne Gott,* so oft mißverstanden von denen, die seine Erfahrungen nicht nachvollziehen können, zielt auf einen direkten, unmittelbaren Weg zur zeitlosen Wahrheit: *Ich bin DAS,* das *Tat tvam asi* der Upanishaden.[60] Im zeitlosen DAS wird jegliche Dualität zwischen Mensch und Gott aufgehoben, dort gibt es nur noch DAS, Ungrund. Dort lösen sich alle Gottesvorstellungen auf. Diese Auflösung hat auch Meister Eckhart vielfach beschrieben.

> *Dann werden wir getragen und erkennen alle, aus welcher Richtung wir auch gekommen sind, die so oft genannten Hauptmerkmale, die zusammen eine einzige Erfahrung der Mystik ausmachen: das total Andere, die Verwunderung, die Einheit mit allem, die absolute Nicht-Dualität, dadurch die virtuelle Allwissenheit und Allmacht, das Verschwinden aller Probleme, das Unwichtige aller Konzepte, allen Denkens, das die unergründliche Erfahrung nur behindert, die Auflösung aller Gegensätze, als da sind: Werden und*

Sein, Gut und Böse, Ego und Welt, Einheit und Vielfalt, relativ und absolut, transzendent und immanent, endlich und unendlich, Form und Formlosigkeit, Materie und Geist, Objekt und Subjekt, Leben und Tod, Freude und Leid, die Offenbarung des Zeitlosen (des Hier und Jetzt, eines der erstaunlichsten Aspekte), des Raumlosen und Ursachlosen (Zeitlosigkeit und Ursachlosigkeit drängen vorsichtig in den wissenschaftlichen Bereich vor.)[61]

Das Œuvre Erik van Ruysbeeks ist so umfangreich, daß schon ein kurzer Abriß seiner Werke den Rahmen dieses Buches sprengen würde.

Seine mystische Poesie will das Unsagbare nicht beschreiben, sondern nur hinhauchen, um den empfindsamen Leser auf diese Weise bis zur tieferen Ebene des Gesagten zu führen, damit er dort im singenden Wort die Stille klopfen hören kann.

Der Sufi-Mystiker Inayat Khan hat den Mystiker einmal wie folgt beschrieben:

Mystik kann nicht erlernt werden, Mystik ist ein Temperament. Ein Mystiker kann sein Gesicht nach Norden wenden, während er nach Süden schaut. Ein Mystiker kann sich tief verneigen und trotzdem nach oben blicken. Er kann mit geöffneten Augen in sich hineinschauen; seine Augen können geschlossen sein, und er kann dennoch alles Äußere sehen.[62]

Dank dieser mystischen Eigenschaften war Erik van Ruysbeek in der Lage, poetische Reflexionen zum *Thomasevangelium* zu schreiben, die im folgenden dem Text desselben beigegeben sind.

Über die Entstehung des *Kleinen Thomasevangeliums* schrieb Erik van Ruysbeek im November 1989 folgendes:

«Vor etwa 12 Jahren, es muß 1977 gewesen sein, kam ich zufälligerweise mit einem Logion des *Thomasevangeliums* in Berührung. Ich war bei einem Bekannten zu Besuch, der mir ein Zitat in einem Text zeigte. Ich las:

Wenn das Fleisch des Geistes wegen entstanden ist,
ist es ein Wunder,
Wenn aber der Geist des Leibes wegen entstanden ist,
ist es ein wundersames Wunder.
Aber ich, ich wundere mich darüber,
wie dieser große Reichtum
in dieser Armut gewohnt hat.

Das Wunder dieser Worte nahm mich sofort gefangen. Materialismus und Spiritualismus waren beide ein Wunder, doch in ihrer Kombination wurde das Wunder noch wunderbarer. Obwohl man aus diesen Worten herausspüren konnte, welchem Wunder mehr Gewicht zukam, blieb unterschwellig ein unsagbares Geheimnis, ein Zögern, wodurch diese Worte etwas Unbeschreibbares offenbarten und dementsprechend in das letztendliche Mysterium vordrangen. Ich las den Text immer wieder von neuem und schrieb ihn auf. Seit jenem Tag haben diese Worte mich nicht mehr losgelassen. So entdeckte ich das *Thomasevangelium,* in Logion 29.

Von dem obenerwähnten Bekannten erhielt ich später eine Kopie der 114 Logien (wenigstens glaube ich das heute, vielleicht habe ich sie mir auch selbst besorgt). Daß ich dieses Evangelium erst so spät entdeckt habe, mag den folgenden Grund haben. Jahrelang war ich in der östlichen Weisheit auf der Suche gewesen. Es war der Osten, der mich die *geistigen,* heute würde ich sagen die *totalen*, Dimensionen entdecken ließ, die meine westliche Erziehung mir vorenthalten hatten. Als ich dort einen gewissen Grad der Sättigung erreicht hatte, und auch lernte, daß im Westen die gleichen Werte zu finden waren, wandte ich mich allmählich wieder den westlichen Quellen zu, wo ich ebenfalls, dank der erleuchtenden Erkenntnisse aus dem Osten, die *perennial philosophy* entdeckte, besonders bei den westlichen Mystikern. So wurde ich auch empfänglich für Quellen aus dem Nahen Osten und ihre tiefe, esoterische und universale Bedeutung.

Vor diesem Hintergrund sehe ich meine «Entdeckung» von Thomas, zumal ich darin die Religion meiner Kindheit deutlich vertieft wiederfand und endlich verstehen konnte. Thomas war mir auch dabei behilflich, die Abweichungen in der Orthodoxie zu verstehen. Er bildete sogar eine ideale Verbindung zum Osten, da die Logien nicht nur gnostischer Prägung waren, sondern, zu etwa einem Drittel, auch eine ausgesprochen östliche Färbung aufzeigten, mit der ich mich sehr gut identifizieren konnte. Dieser Jesus konnte mein Jesus sein und ließ das kirchliche Dogma meiner Jugendreligion auf souveräne Weise hinter sich.

Ich beschäftigte mich einige Jahre intensiv mit dem Thema, versuchte es so weit wie möglich auszuschöpfen und so tief wie möglich zu erleben. Danach ließ ich alles eine Weile in mir ruhen, während es mein Leben weiter begleitete. Das Thema hatte mich so tief berührt, daß ich wußte: einst werde ich darauf zurückkommen. Und dies geschah unerwartet während der Osterwoche des Jahres 1984. Eines Abends schrieb ich die ersten vier Kommentare, nur so, *als Versuch;* es klappte. Und dann, innerhalb von sechs Tagen, schrieb ich die Reflexionen zu den übrigen Logien. Ohne Hast, ohne Anstrengung, ruhig, erhaben, in einem permanenten Zustand von Seligkeit. Ich verfügte über ein Raster, über den Rahmen der Logien, den ich nur mit eigener Substanz auszufüllen brauchte.

Ich möchte Sie als Leser einladen, diese 114 Logien und die poetischen Reflexionen *ohne Hast, ruhig, erhaben* zu lesen. *Wer die Bedeutung dieser Worte findet, wird den Tod nicht schmecken.*

Anmerkungen

1 Cf. Baigent, Michael / Richard Leigh: *Verschlußsache Jesus. Die Qumranrollen und die Wahrheit über das frühe Christentum.* Droemer/Knauer, München 1991. (Mit ausführlicher Bibliographie.)
Wilson, Edmund: *Die Schriftrollen vom Toten Meer.* Winkler Verlag, München [2]1956.

2 Pagels, Elaine: *Versuchung durch Erkenntnis. Die gnostischen Evangelien.* Suhrkamp, Frankfurt 1987 (suhrkamp taschenbuch 1456).
Robinson, James M.: *The Nag Hammadi Library in English.* Brill, Leiden [2]1984.

3 *Die Gnosis.* In der Reihe «Bibliothek der Alten Welt». 3 Bde. Artemis-Verlag, München/Zürich 1969–1980.
Gnosis. Das Buch der verborgenen Evangelien. Hrsg. u. übers. von Werner Hörmann. Pattloch Verlag, Augsburg 1990.
Nag Hammadi Studies. Brill, Leiden 1971–1987. 35 Bände.
Für ausführliche Literatur über Gnosis verweisen wir hier auf:
Rudolph, Kurt: *Die Gnosis. Wesen und Geschichte einer spätantiken Religion.* 3. durchges. und erg. Aufl. Vandenhoeck & Ruprecht, Göttingen 1990. (Mit ausführlicher Bibliographie.)

4 In dem Buch *Gnostische Weisheit in Ost und West* (Walter-Verlag, Olten 1992) wird diese Symbolik näher ausgeführt.

5 Böhme, Jakob: *Theosophische Sendbriefe.* Hrsg. u. erl. von Gerhard Wehr. Aurum Verlag, Freiburg i.Br. 1979. 2. Bd, S. 132.

6 Cf. Messing, Marcel: «En de mythe is vleesgeworden... De stoel van Petrus». In: *Prana* 47 (1987), S. 16–24 und *Prana* 48 (1987), S. 85–93.

7 *Neutestamentliche Apokryphen.* Hrsg. v. Edgar Hennecke. Tübingen [2]1924. 5. Aufl. hrsg. v. Wilhelm Schneemelcher. J.C.B. Mohr (Paul Siebeck), Tübingen 1989. 2. Bd. Apostolisches und Verwandtes, S. 155ff.

8 *Evangelium nach Maria,* in: *Apokryphe Evangelien aus Nag Hammadi.* Neu formuliert und kommentiert von Konrad Dietzfelbinger, Dingfelder Verlag, Andechs [2]1989, S. 256.

9 *Evangelium nach Philippus,* ebenda, S. 94ff.

10 *Das Buch Thomas des Wettkämpfers,* ebenda, S. 227.

11 *Meister Eckharts Predigten.* Hrsg. v. Josef Quint. W. Kohlhammer, Stuttgart 1971. Bd. 1, Predigt 6: Justi vivent in aeternum, S. 454.

12 Sri Ramana Maharshi: *Über das Selbst. Vierzig Verse.* Mit Erl. von M. Satyamayi. Verlag der Helfenden, Krün 1978 (Lebensweisheiten, Folge 9). Vers 9, S. 25.

13 *Evangelium nach Philippus,* S. 100.

14 *Bhagavadgita/Aschtavakragita. Indiens heilige Gesänge.* Übertr. u. komm. von Leopold von Schroeder. Diederichs, Köln 1987, S. 44.
15 ebenda, S. 63.
16 Bancroft, Anne: *Zen.* Kösel, München 1985, S. 14.
17 *Evangelium nach Philippus,* S. 134.
18 *Neutestamentliche Apokryphen,* S. 367.
19 *Koptisch-Gnostische Schriften.* Hrsg. v. Carl Schmidt. 4. erw. Aufl. hrsg. v. Hans-Martin Schenke. Akademie-Verlag, Berlin 1981, Bd. 1, S. 232.
20 ebenda, S. 232/233.
21 *Upanishaden. Die Geheimlehre der Inder.* Übertr. u. eingel. von Alfred Hillebrandt. Diederichs, München 1988, S. 116.
22 *Bhagavadgita,* S. 56.
23 *Upanishaden,* S. 165.
24 *Die beiden Bücher des Jeû.* In: *Koptisch-Gnostische Schriften.* Bd. 1, S. 17.
25 *Neutestamentliche Apokryphen,* S. 303ff.
26 *Die beiden Bücher des Jeû,* S. 17.
27 ebenda, S. 17.
28 *Neutestamentliche Apokryphen,* S. 169f.
29 ebenda, Bd. 1, S. 349ff.
30 Mantz-van der Meer, Annine: *Op zoek naar loutering. Oorsprong en ontwikkeling van de enkratitische ascese tot in het begin van de dertiende eeuw n. Chr.* Verloren, Hilversum 1989, S. 19–70 (Middeleeuwse studies en bronnen 16).
31 Lorber, Jakob: *Briefwechsel Jesu mit Abgarus, König zu Edessa.* Neu-Salems-Verlag, Bietigheim 1919.
32 ebenda.
33 *Neutestamentliche Apokryphen,* S. 303ff.
34 ebenda, S. 344–348.
35 ebenda, S. 319.
36 Plotin: *Gegen die Gnostiker.* In: *Ausgewählte Schriften.* Hrsg. v. Walter Marg. Reclam, Stuttgart, 1973, S. 95ff.
37 Elsevier, Amsterdam/Brüssel 1971.
38 *Neutestamentliche Apokryphen,* S. 303.
39 ebenda.
40 ebenda, S. 328.
41 Cf. Messing, Marcel (Hrsg.): *Von Buddha bis C.G. Jung. Religion als lebendige Erfahrung.* Walter-Verlag, Olten 1990, S. 308–313.
42 Pagels, Elaine: *Versuchung durch Erkenntnis,* S. 17.
43 Ashburnham, Battle, Sussex (nach 1907), VII–VIII.
44 Cf. Flavius Josephus: *Geschichte des jüdischen Krieges.* Übers. u. mit Einl. u. Anm. versehen von Dr. Heinrich Clementz. Melzer, Köln 1959.

45 Siehe hierzu: Paul F. Rudolf, *Jesus und Qumran. War der Nazarener ein Essener?* Walter 1993.

46 Lorenzo, G. de: *Het oude boeddhisme.* Wereldbibliotheek, Amsterdam/Antwerpen 1949, S. 337; siehe auch S. 331–341.

47 Dante Alighieri: *Die Göttliche Kommödie.* Übers. von Hermann Gmelin. Mit Anm. und einem Nachw. von Rudolf Baehr. Reclam, Stuttgart 1990, S. 339.

48 Lorenzo, G. de: *Het oude boeddhisme,* S. 301f.

49 ebenda, S. 35f.

50 *Milindapañha. Die Fragen des Königs Milinda. Zwiegespräche zwischen einem Griechenkönig und einem buddhistischen Mönch.* Aus dem Pâli übers. von Nyanatiloka, hrsg. und teilw. neu übers. von Nyanaponika. Ansata, Interlaken 1985.

51 *Nieuwtestamentische apocriefen,* Amsterdam 1922, Bd. 1, S. 301.

52 Notovich, N.: *La vie inconnu de Jésus Christ,* Paris 1894.

53 Gordon Cremonesi, London 1977.

54 ebenda, S. 106.

55 Cf. Paulzen, H.: «Christus in Kasjmir», in: *Bres* (1989), S. 79–90.

56 Element Books, Shaftesbury 1984.

57 Pagels, Elaine: *Versuchung durch Erkenntnis,* S. 17.

58 Zu Jan van Ruusbroec siehe: Anne Bancroft, *Mystiker – Wegweiser für die Zukunft,* Walter 1992.

59 Lao Tse: *Tao-Te-King.* Neu ins Deutsche übertr. von Hans Knospe und Odette Brändli. Mit einem Nachw. von Knut Walf. Diogenes, Zürich 1990 (detebe-Klassiker 21875), Kapitel 2.

60 In: Messing, Marcel (Hrsg.): *Von Buddha bis C.G. Jung,* Walter 1990, S. 274f.

61 ebenda, S. 287.

62 Khan, Inayat: *Het innerlijk leven. De mens onderweg naar zijn bestemming.* Ankh-Hermes, Deventer 1982, S. 84f.

II. Teil

Das Thomasevangelium

mit poetischen Reflexionen
von Erik van Ruysbeek

Dies sind die geheimen Worte,
die Jesus der Lebendige sprach
und die Didymus Judas Thomas aufgeschrieben hat.

Dies sind die geheimen Worte
eines universalen Jesus,
von Thomas aufgezeichnet
und innig nachempfunden.

1
Und er sprach:
Wer die Bedeutung dieser Worte findet,
wird den Tod nicht schmecken.

Immer ist es so,
daß wer erkannt hat, auch versteht.
Licht hinter dem Wort,
mach zuerst
deine Kraft in mir lebendig,
und sterbend,
werde ich den Tod nicht schmecken.

2
Jesus sprach:
Wer sucht, soll nicht aufhören zu suchen,

bis er findet.
Und wenn er gefunden hat,
wird er verwirrt sein,
und verwirrt,
wird er sich im Staunen verlieren,
und er wird herrschen über das All.

Wenn du gefunden hast
und um die Wunder dieser Offenbarung weißt,
dann begleite deine verwirrte Verwirrung
in den Abgrund, endlos sinkend,
denn das Wunder bist immer du selbst,
und die Allmacht, die es dir gibt,
ist die Macht des Alls, das dich erschuf,
dich, ichlos gewordener Allmächtiger.

3
Jesus sprach:
Wenn die, die euch führen, euch sagen:
Seht, das Königreich ist im Himmel,
so werden euch die Vögel des Himmels zuvorkommen;
Wenn sie euch sagen: Seht, es ist im Meer,
so werden euch die Fische zuvorkommen.
Aber das Königreich, es ist in euch,
und es ist außerhalb von euch.
Wenn ihr euch selbst erkennt,
werdet ihr erkannt werden,
und ihr werdet wissen, daß ihr
die Söhne des lebendigen Vaters seid.
Wenn ihr euch aber nicht erkennt,
dann seid ihr in Armut und ihr selbst seid die Armut.

Hier und jetzt
im Fleisch dieser Welt
in uns selbst
und zeitlos
ist das Königreich.
Hier und jetzt
in uns selbst
ist der Ungrund des Vaters.
Zeit und Raum sind
belanglos.
Hier und jetzt sind alle Wesen, alle Dinge,
die sich
in ihrem Ursprung
erkennen.

4
Jesus sprach:
Ein Greis wird nicht zögern,
ein kleines Kind von sieben Tagen
über den Ort des Lebens zu befragen;
und er wird leben.
Denn viele Erste werden Letzte sein,
und sie werden Eins sein.

O Einswerdung,
Einheit des Kindes,
Kind, das noch in den Greisen lebt.
Vollkommenes Leben vor dem Leben,
das uns zum Leben erweckte.
O werden wir, was wir waren
und unergründlich sind,

kein Mann, keine Frau,
sondern eins.

5
Jesus sprach:
Erkenne, was vor deinem Angesicht ist,
und was dir verborgen ist, wird dir enthüllt werden.
Denn es gibt nichts Verborgenes,
das nicht offenbar werden wird.

So wie der Sohn den Vater kennt,
mit dem er eins ist,
so wie das Kind die Welt kennt,
mit der es eins ist,
so erkennt das Kennen sich selbst im anderen,
so erkennt das andere sich selbst in uns,
denn sehen und gesehen werden, ist eins.

6
Seine Jünger fragten ihn:
Willst du, daß wir fasten?
Wie sollen wir beten?
Wie sollen wir Almosen geben?
Und welche Speisevorschriften sollen wir beachten?
Jesus sagte:
Lügt nicht,
und was ihr haßt, das tut nicht,
denn im Angesicht des Himmels ist alles offenbar.
Es gibt nichts Verborgenes, das nicht offenbar werden wird,
und es gibt nichts Verdecktes,
das nicht aufgedeckt werden wird.

Seid nackt.
Verbergt euch nicht in äußeren Formen.
Ursprung
kann nicht mehr belogen werden.

7
Jesus sprach:
Selig ist der Löwe,
den der Mensch essen wird,
und der Löwe wird Mensch sein.
Und elend ist der Mensch,
den der Löwe essen wird,
und der Mensch wird Löwe sein.

O zeitlicher Mensch,
werde zeitlos,
oder deine Zeitlosigkeit
wird zeitlich.
Verlangen des Ichs,
gehe unter im Selbst.
Denn wer seinen Löwen nicht ißt,
wird von ihm gefressen werden.

8
Und er sagte:
Der Mensch gleicht einem klugen Fischer,
der sein Netz ins Meer geworfen hatte.
Er zog es herauf, voll von kleinen Fischen.
Unter ihnen
fand der kluge Fischer einen großen und guten Fisch.

Ohne zu zögern wählte er den großen Fisch
und warf alle kleinen Fische
in die Tiefen des Meeres zurück.
Wer Ohren hat, zu hören, der höre!

Wer mich findet,
braucht nichts anderes.
Wer mich hat, den habe ich auch.
Alles Überflüssige
wirft er von sich.
Wie einfach das ist!

9
Jesus sprach:
Seht, der Sämann ging hinaus.
Er füllte seine Hand und warf aus.
Einige Samenkörner fielen auf den Weg,
die Vögel kamen und pickten sie auf.
Andere Körner fielen auf den Felsen,
sie trieben keine Wurzeln in die Erde
und schickten keine Ähren gen Himmel.
Wieder andere fielen zwischen die Dornen.
Diese erstickten den Samen
und der Wurm fraß ihn.
Und andere fielen auf gute Erde,
sie brachten gute Frucht zum Himmel empor:
sie trug 60 je Maß
und 120 je Maß.

Wir alle empfangen den Samen,
doch nicht jeder erkennt seinen Segen.

Reichlich wird er in uns ausgestreut,
doch in unserer Blindheit bieten wir ihm keinen Nährboden.
Dennoch ist der Sämann in uns,
und die Ernte könnte einst unsere Ernte werden,
wenn der Samen in uns stirbt
und uns seine Früchte gibt.

10
Jesus sprach:
Ich habe Feuer auf die Erde geworfen,
und jetzt hüte ich es,
bis es auflodert.

Nicht das sichtbare Feuer,
das Städte versengt,
sondern das heimliche Lodern in mir
läßt mich zu Ungrund zerfallen.
Das Feuer lodert in uns,
nicht morgen, sondern hier und jetzt.
Wir müssen nur tief genug
in uns selbst hinabsteigen.

11
Jesus sprach:
Dieser Himmel wird vergehen,
und der Himmel, der darüber ist, wird vergehen.
Und die Toten leben nicht,
und die Lebenden werden nicht sterben.
In den Tagen, da ihr Totes aßt,
habt ihr es zu etwas Lebendigem gemacht.

Wenn ihr aber im Lichte seid,
was werdet ihr dann tun?
Als ihr eins wart,
seid ihr zwei geworden.
Jetzt aber, da ihr zwei seid,
was werdet ihr tun?

Was werde ich tun?
Himmel und Erde werden
wieder eins.
Dort ist das Licht, das Leben ist,
und das keinen Tod kennt.
Auch ich war einer,
ehe ich zwei wurde.
Was werde ich tun?
Einheit, nimm mich wieder auf,
Einheit, die darüber ist, nimm mich auf,
und was sterblich wurde,
mache ich wieder unsterblich.

12
Die Jünger sagten zu Jesus:
Wir wissen, daß du uns verlassen wirst.
Wer wird uns dann führen?
Jesus sagte:
Gemäß dem Stand eurer geistigen Entwicklung
werdet ihr zu Jakobus dem Gerechten gehen.
Die Angelegenheiten von Himmel und Erde kommen ihm zu.

Gebt der Erde, was der Erde gebührt.
Gebt dem Himmel, was dem Himmel gebührt.

Körper und Seele habt ihr damit gedient.

Doch tiefer als Körper und Seele
ist das Unfaßbare,
das sich jeder Herrschaft
entzieht.

13
Jesus sagte zu seinen Jüngern:
Vergleicht mich
und sagt mir, wem ich gleiche.
Simon Petrus sagte zu ihm:
Du gleichst einem gerechten Engel.
Matthäus sagte zu ihm:
Du gleichst einem weisen Philosophen.
Thomas sagte zu ihm:
Meister, mein Mund wird sich bestimmt weigern,
zu sagen, wem du gleichst.
Jesus sagte:
Ich bin nicht mehr dein Meister,
denn du hast getrunken von der sprudelnden Quelle,
die ich hervorströmen ließ,
und dich daran berauscht.
Und er nahm ihn beiseite
und sagte ihm drei Worte.
Als Thomas zu seinen Gefährten zurückkehrte,
fragten diese ihn:
Was hat Jesus zu dir gesagt?
Thomas antwortete ihnen:
Wenn ich euch nur eines der Worte sagen würde,
die er mir gesagt hat,

würdet ihr mit Steinen nach mir werfen,
und aus den Steinen würde Feuer sprühen
und euch verbrennen.

Du Thomas
und jeder Mensch
und jedes Ding:
euch alle bin ich
und ihr alle seid mich,
denn es gibt nur ein Ding,
das kein Mund aussprechen
und kein Traum träumen kann.
Dies werdet ihr denen verkünden,
die es tragen können,
in Bildern von Wahrheit,
in Taten von Feuer
und Unaussprechlichkeit.

14
Jesus sprach zu ihnen:
Wenn ihr fastet,
werdet ihr euch nur Sünde schaffen,
und wenn ihr betet,
werdet ihr verurteilt werden,
und wenn ihr Almosen gebt,
werdet ihr eurem Pneuma Böses zufügen.
Und wenn ihr irgendein Land betretet
und es durchwandert,
so eßt,
was man euch vorsetzt,
und heilt die Kranken dort.

Denn was in euren Mund hineingeht,
wird euch nicht verunreinigen,
aber was aus eurem Mund herauskommt,
das ist es, was euch unrein macht.

Geht hinaus
und verkündet das geheime Wort,
nehmt von euren Brüdern alles an
und führt es in eurer Alchemie
auf das Wesentliche zurück,
ihr, die ihr das Nicht-Wissen kennt,
das ichlose Beten und
das ichlose Fasten.
Aber wenn ihr selbst redet,
dann laßt den Ungrund aus euch sprechen,
entlang unbestimmter Bahnen
verborgener Wahrheit.

15
Jesus sprach:
Wenn ihr den seht,
der nicht von einer Frau geboren wurde,
so werft euch auf euer Antlitz
und betet ihn an.
Er ist es: euer Vater.

Gesicht der Gesichtslosen,
geschlechtsloser Ursprung der Geschlechter
Vater, Mutter, Sohn und Tochter
zusammen schon
und noch ungeboren.

Unsagbares Geheimnis
und Herz von uns selbst.

16
Jesus sprach:
Vielleicht denken die Menschen,
daß ich gekommen bin,
Frieden auf die Welt zu bringen,
und sie wissen nicht,
daß ich gekommen bin,
Uneinigkeit auf die Erde zu werfen,
Feuer, Schwert und Krieg.
Denn fünf werden in einem Haus wohnen,
sie werden drei gegen zwei sein
und zwei gegen drei,
der Vater gegen den Sohn
und der Sohn gegen den Vater.
Und sie werden als Einsgewordene* dastehen.

Doch ehe euch dieses Gesicht offenbart wird,
müßt ihr das Gesetz mit Füßen treten
in der Nacktheit
und durch die Einsamkeit
eurer intimsten Wahrheit.
Dort ist der Ungrund souverän
und sein Mysterium erhebt sich über alle irdischen Gesetze.
Nur der Einsame,

*«*Monakhos*», wörtlich: *Mönche.* Darin steckt das Wort *monos,* was soviel bedeutet wie eins, eins geworden. Siehe auch Logion 49 und 75.

der Einsgewordene,
macht zwei zu einem
und lebt.

17
Jesus sprach:
Ich werde euch geben, was kein Auge gesehen,
kein Ohr gehört
und keine Hand berührt hat,
und was nicht zum Herzen des Menschen aufgestiegen ist.

Dann gebe ich euch das größte Wunder,
das kein Verstand je ermessen kann,
das alle Maße unseres zeitlichen Daseins sprengt,
tief im Abgrund unseres geheimsten Wesens.

18
Die Jünger sagten zu Jesus:
Sage uns, wie unser Ende sein wird.
Jesus sagte:
Habt ihr den Anfang aufgedeckt,
um nach dem Ende zu suchen?
Denn wo der Anfang ist,
wird auch das Ende sein.
Selig, wer im Anfang stehen wird,
denn er wird das Ende erkennen
und den Tod nicht schmecken.

Substrat ist ewig,
es kleidet und entkleidet sich,

und Formen gehen vorbei,
ohne Ende, ohne Anfang.
Zeitloser Ursprung ist alles.
O Tod, für dich ist hier kein Platz.

19
Jesus sprach:
Selig der, der schon war,
bevor er wurde.
Wenn ihr meine Jünger seid
und meine Worte hört,
werden diese Steine euch dienen.
Denn ihr habt fünf Bäume im Paradies*,
die sich weder Sommer noch Winter bewegen
und deren Blätter nicht abfallen.
Wer sie erkennt,
wird den Tod nicht schmecken.

Ihr ward,
bevor Adam war.
O fünffacher Lebensbaum
wiedergefundenen Ursprungs und Reinheit,
vor-paradiesisch in uns vorhanden.
Er fordert euch auf, alles zu essen.
Eßt von ihm
und ihr werdet nicht sterben.

* *Die 5 Gliedmaßen des ursprünglichen Menschen,*
die im Lebensbaum des Paradieses vereinigt werden.

20
Die Jünger sagten zu Jesus:
Sage uns, womit das Himmelreich vergleichbar ist.
Er sagte zu ihnen:
Es gleicht einem Senfkorn,
dem kleinsten aller Samenkörner.
Wenn es aber auf bestellten Boden fällt,
wächst daraus ein großer Schößling hervor,
der den Vögeln des Himmels Schutz bietet.

Aus dem Nichts zog das Wissen aus
und wurde die Welt.
Jetzt führt es euch
über das Wissen hinaus.

21
Mariham sagte zu Jesus:
Wem gleichen deine Jünger?
Er sagte:
Sie gleichen kleinen Kindern,
die sich auf einem Feld aufhalten,
das ihnen nicht gehört.
Wenn die Herren des Feldes kommen,
werden sie sagen:
Laßt uns unser Feld!
Sie sind nackt vor ihnen,
so daß sie es ihnen lassen und ihnen ihr Feld geben.

Darum sage ich euch:
Wenn der Herr des Hauses weiß,
daß der Dieb kommt,

wird er wachen, ehe er kommt,
und er wird ihn nicht eindringen lassen
in das Haus seines Königreiches,
um seine Sachen fortzutragen.
Ihr aber: wacht angesichts der Welt,
gürtet eure Lenden mit aller Kraft,
damit die Räuber keinen Weg finden, zu euch zu kommen.
Denn der Vorteil, auf den ihr bedacht seid,
sie werden ihn finden.
In eurer eigenen Tiefe
sei ein erfahrener Mann!
Als die Frucht reif war,
eilte er herbei, die Sichel in der Hand,
und erntete sie.
Wer Ohren hat, zu hören, der höre!

Zahlreich sind die Wege,
lang ist der Weg,
langsam kommt die Reife,
langsamer die Frucht.
Bewacht
den Kern eures Wesens,
seid auf der Hut
vor den Räubern in euch,
den Räubern eurer ursprünglichen
Fülle,
und laßt euch
auf eurem mühsamen Weg
nicht
auf Abwege führen.

22

Jesus sah kleine Kinder, die gesäugt wurden.
Er sagte zu seinen Jüngern:
Diese saugenden Kinder gleichen denen,
die ins Königreich eingehen.
Sie fragten ihn:
Wenn wir also klein sind,
werden wir dann ins Königreich eingehen?
Jesus sagte zu ihnen:
Wenn ihr aus zwei eins macht,
wenn ihr das Innere wie das Äußere macht
und das Äußere wie das Innere
und das Obere wie das Untere
und wenn ihr das Männliche und das Weibliche
zu einem Einzigen macht,
so daß das Männliche nicht mehr männlich
und das Weibliche nicht mehr weiblich ist,
wenn ihr Augen macht statt eines Auges
und eine Hand statt einer Hand
und einen Fuß statt eines Fußes
und ein Bild statt eines Bildes,
dann werdet ihr in das Königreich eingehen.

Versteht doch die Einheit,
ignoriert die Unterschiede
wie die kleinen Kinder es tun.
Wo zwei waren, ist jetzt eins.
Wenn ihr das verwirklicht,
wenn das Innere das Äußere wird
und das Äußere das Innere,
wenn das Obere
das Gleiche ist wie das Untere,

wenn der Mann kein Mann mehr ist
und die Frau keine Frau,
sondern beide ein einziges Wesen sind,
wenn eure Augen sich
in einem Blick vereinen,
wenn in eurer Hand eine Hand ist, die weiß,
in eurem Fuß ein Fuß, der euch den Weg zeigt,
wenn jedes Bild eine Ikone geworden ist,
dann erst werdet ihr
in das Königreich eingehen.

23
Jesus sprach:
Ich werde euch erwählen, einen aus tausend
und zwei aus zehntausend,
und sie werden in ihrem Einssein bestätigt werden.

Denn viele sind berufen,
aber nur wenige auserwählt,
Kann ich Einheit aus der Vielheit sein,
oder bleibe ich Zweiheit in zehntausend Dingen?
Mache ich den Ungrund in mir wahr?
In der Wesenheit
des Vaters
ist dennoch alles eins.

24
Seine Jünger sagten zu ihm:
Unterrichte uns über den Ort, an dem du bist,
denn es ist notwendig, daß wir ihn suchen.

Er sprach zu ihnen:
Wer Ohren hat, der höre!
Licht
ist in einem Lichtmenschen,
und es erleuchtet die ganze Welt.
Leuchtet es nicht,
so herrscht Finsternis.

Einheit und Licht bin ich,
ein einzig Ding mit allen Dingen,
nicht einzig vor den Dingen,
sondern zeitlos im Zeitlosen.

O Finsternis, wenn ich zweifle,
zeitloses Licht,
ausgehöhlt
in meiner zeitlichen Finsternis
und in meinen nutzlosen
Fragen.
O Verzweiflung
in einem Wahn von Zeit.

25
Jesus sprach:
Liebe deinen Bruder wie deine Seele,
behüte ihn
wie deinen Augapfel.

Mein Bruder ist mein Augapfel und mein Geist.
Vereint mit ihm, sehe ich mich mit seinem Blick.

Vereint mit mir, sieht er sich mit meinem Blick.
Zwei sind bereits eins.
Ich bin er,
er ist ich;
verschwunden ist jeglicher Unterschied.
Der Ungrund hat uns verschlungen.

26
Jesus sprach:
Den Splitter im Auge deines Bruders,
den siehst du,
aber den Balken im eigenen Auge,
den siehst du nicht.
Erst wenn du den Balken aus deinem Auge entfernt hast,
wirst du klar genug sehen,
um den Splitter aus dem Auge deines Bruders
zu entfernen.

Gut oder Böse in dir oder mir
kommen beide aus dem Ungrund.
Darum lächele nur
und fließe vor Liebe-in-Einheit
über.

27
Wenn ihr nicht fastet gegenüber der Welt,
werdet ihr das Königreich nicht finden.
Wenn ihr den Sabbat nicht zum Sabbat macht,
werdet ihr den Vater nicht sehen.

O Welt,
ich nehme dich an,
aber ich gehe durch dich hindurch.
O Sabbat,
mein Leben ist ein einziger Sabbat,
der sich in das Herz
des Vaters bohrt,
innerlich
und frei von äußeren Formen.

28
Jesus sprach:
Ich stand in der Mitte der Welt
und habe mich ihnen in meinem Fleisch offenbart.
Ich fand sie alle betrunken vor.
Ich habe unter ihnen keinen Durstigen gefunden,
und meine Seele hat für die Söhne der Menschen gelitten,
weil sie blind sind in ihrem Herzen
und nicht sehen,
daß sie leer zur Welt gekommen sind,
und sogar versuchen, die Welt leer zu verlassen.
Doch seht: jetzt sind sie betrunken.
Erst wenn sie den Wein ausgeschieden haben,
wird sich ihr Wesen ändern.

Blindheit vor Trunkenheit,
in der wir uns rettungslos bewegen,
seht: in der Mitte unseres Fleisches
ist die Leere, mit der wir zur Welt kamen
und mit der wir die Welt wieder verlassen werden.
In der Mitte der Welt,

im Mittelpunkt des Weges
strahlt und regiert die Rettung.
Erwachet aus eurer Weinseligkeit
und wendet euch
eurer inneren Unendlichkeit zu.

29
Jesus sprach:
Wenn das Fleisch des Geistes wegen entstanden ist,
ist es ein Wunder.
Wenn aber der Geist des Leibes wegen entstanden ist,
ist es ein wundersames Wunder.
Aber ich, ich wundere mich darüber,
wie dieser große Reichtum
in dieser Armut gewohnt hat.

Das Sein ist ein Wunder,
das Nicht-Sein ist ein Wunder,
aber ein Abgrund von Nicht-Wissen
hetzt sie in uns gegeneinander auf.
Doch ein tieferer Abgrund des Wissens
vesöhnt in uns
das Wunder des Geistes
mit dem Wunder der Materie.

Hinter dem Taumel
des Ursprungs
sind die Keime unauffindbar.

30
Jesus sprach:
Wo drei Götter sind,
da sind es Götter,
wo zwei sind oder nur einer,
da bin ich mit ihm.

Groß ist die Zahl der Götzen,
mit dem Vater haben sie nichts gemein.
Doch wo Vater und Mutter sind,
in ihrer androgynen Einheit,
dort ist das Eine,
und dort bin ich.

31
Jesus sprach:
Kein Prophet gilt etwas in seinem Dorf,
kein Arzt heilt die,
die ihn kennen.

Vater, die Menschen kennen dich nicht.
Laß mich deine geheime Stimme hören,
wo immer ich dir begegne,
auch in meiner alltäglichen Armseligkeit,
und mache deinen Abgrund in mir offenbar.
Sende deine Musik in mein verwirrtes Ohr,
damit ich, dich wiedererkennend,
du bin,
damit ich, in dir meine Brüder wiedererkennend,
auch sie bin.

32
Jesus sprach:
Eine Stadt, die auf einem hohen Berg erbaut wurde
und die befestigt ist,
kann weder fallen,
noch kann sie verborgen werden.

Mach mich zum Felsen deiner Geheimnisse,
zur hohen Burg deiner innigsten Bruderschaft.
Deinen Belagerern werde ich widerstehen,
deine Glorie werde ich ausstrahlen.

33
Jesus sprach:
Was ihr mit dem einen Ohr hören werdet,
das schreit in das andere Ohr,
verkündet es von den Dächern.
Denn niemand zündet eine Lampe an
und stellt sie unter den Scheffel
oder an einen verborgenen Ort;
sondern man stellt sie auf den Leuchter,
damit alle, die kommen und gehen,
ihr Licht sehen.

Und laß dann ausstrahlen,
was empfangen wurde.
Nicht mich, sondern dich,
und das in mir, was auch du bist.
Und laß die Welt
vom Ungrund leben,
und den Ungrund von der Welt.

34
Jesus sprach:
Wenn ein Blinder einen Blinden führt,
fallen beide in eine tiefe Grube.

Licht meiner Augen
führe mich zu der Unendlichkeit,
aus der du kommst.
Finde deinen Weg allein,
und laß mich denen den Rücken zuwenden,
die Geographie nur schreiben können.

35
Jesus sprach:
Niemand kann
in das Haus des Starken eindringen
und es mit Gewalt nehmen,
es sei denn, er fesselt ihm die Hände:
dann wird er das Haus auf den Kopf stellen.

Mein Haus ist die Burg der inneren Wahrheit,
die ich verteidige gegen die Angriffe
des «Ichs».
Niemals darf ich unachtsam sein,
nicht einen Moment,
denn sonst würde das «Ich» erstarken
und mein Haus vernichten.

36
Jesus sprach:
Sorgt euch nicht von morgens bis abends
und von abends bis morgens darum,
was ihr anziehen sollt.

O Eitelkeit,
wenn Kleider Leute machen,
äußere oder innere!
Der Ungrund trägt noch keine Kleider!

37
Seine Jünger fragten:
An welchem Tag wirst du dich uns offenbaren,
an welchem Tag werden wir dich sehen?
Jesus sagte:
Wenn ihr eure Scham ablegt,
eure Kleider nehmt,
sie vor eure Füße legt
und wie die kleinen Kinder
zertrampelt,
dann werdet ihr den Sohn
des Lebendigen sehen,
und ihr werdet keine Furcht kennen.

O Eitelkeit derer,
die nicht nackt
und glänzend sein können
wie das nackte Kind.
Legt euren inneren Reichtum ab,
eure feige Angst, verborgen in eurem Wahn.

Legt euch selbst ab
und werdet wieder lebendig,
werdet ungeborene Wesenheit.

38
Jesus sprach:
Wie oft habt ihr danach verlangt,
diese Worte zu hören,
die ich euch sage,
und ihr habt keinen anderen,
von dem ihr sie hören könntet.
Es werden Tage kommen,
an denen ihr mich suchen
und nicht finden werdet.

Manchmal werdet ihr die Stimme tief in euch nicht hören
und in der Sahara eures Geistes
wird die Quelle versiegt sein.
Ruft dann nicht den Tod,
denn die Stimme ist da
in tiefer Tiefe.

39
Jesus sprach:
Die Pharisäer und die Schriftgelehrten
haben die Schlüssel der Gnosis erhalten
und haben sie versteckt.
Sie sind nicht eingetreten,
und die, die eintreten wollten,
haben sie nicht hineingelassen.

Ihr aber, seid umsichtig wie die Schlangen
und rein wie die Tauben.

Die Welt hat die Quelle verborgen,
sie beherrscht uns in Zeit und Raum
und mißt alles mit ihrem Maß.
Doch zeitlos sprudelt der Ungrund
und ergießt sich raumlos in euch.
Seid darum subtil und rein
und ungeboren wie der Ungrund selbst.

40
Jesus sprach:
Ein Weinstock wurde außerhalb des Vaters gepflanzt
und da er nicht feststeht,
wird er mit der Wurzel ausgerissen werden
und verdorren.

Denn die Welt hat den Vater nicht gewürdigt
und wähnt sich außerhalb des Vaters.
Deshalb verkommt sie vor unseren Augen,
unter dem arglosen Blick
ihrer geringsten Kinder.

41
Jesus sprach:
Wer in seiner Hand hat,
dem wird man geben,
und wer nichts hat,

dem wird auch das Wenige, das er hat,
genommen werden.

Wer Ungrund ist,
ist alles.
Alles geht von ihm aus,
alles fließt zu ihm zurück.
Wer das nicht ist,
ist nichts.
Sogar was er zu sein glaubt,
wird ihm genommen werden.

42
Jesus sprach:
Seid Vorübergehende.

Erlebt die Zeit
im Zeitlosen
und weht vorbei
wie Flaum im Wind.

43
Seine Jünger sagten zu ihm:
Wer bist du, der du uns solche Dinge sagst?
– Aus dem, was ich euch sage,
erkennt ihr nicht, wer ich bin?
Doch ihr, ihr seid wie die Juden:
sie lieben den Baum,
sie hassen seine Frucht,
sie lieben die Frucht,
sie hassen den Baum.

O innere Gewißheit,
Einheit von Vater und Kindern,
von Ungrund und Schöpfung,
von Geist und Materie,
von Ost und West.
Doch es gibt viele,
die beim Ungrund schwören
und die Welt verwerfen,
die bei der Welt schwören
und den Ungrund verwerfen.

Aber daran werdet ihr die Stimme erkennen:
zeitlos verkündet sie
die Zeitlosigkeit des Einen.

44
Jesus sprach:
Wer den Vater lästert,
dem wird vergeben werden,
und wer den Sohn lästert,
dem wird vergeben werden.
Aber wer den reinen Geist lästert,
dem wird weder auf Erden noch im Himmel vergeben werden.

Alle Irrtümer können verziehen werden,
doch wer den Ungrund verwirft
und seine Ausstrahlung auf uns,
schneidet sich selbst vom Leben ab.
Wer aus einem zwei macht,
ist nicht mehr zu retten.

45
Jesus sprach:
Man erntet keine Trauben von den Dornen
und man pflückt keine Feigen von den Disteln,
denn sie geben keine Frucht.
Ein guter Mensch holt Gutes aus seinem Schatz hervor,
ein böser Mensch holt Böses
aus dem bösen Schatz hervor,
der in seinem Herzen ist,
und er sagt böse Dinge:
denn aus dem Überfluß des Herzens
holt er Böses hervor.

Laß die Fülle des Herzens
nicht von ihrem Ziel abweichen,
laß die Traube nicht in Dornen ausschlagen
und den Feigenbaum nicht in Disteln.
Laß die Kraft des Vaters in uns
dem Königreich des Vaters dienen
und nicht Zeit und Raum.
An der Frucht erkennt man den Baum.

46
Jesus sprach:
Von Adam bis Johannes dem Täufer
übertrifft unter den von Frauen Geborenen
niemand Johannes den Täufer
derart, daß seine Augen nicht brechen werden.
Ich aber habe gesagt:
Wer von euch klein sein wird,

wird das Königreich erkennen
und größer als Johannes sein.

Ihr Großen der Erde,
Seher und Propheten,
Verkünder von Untergängen und Paradiesen,
ihr kennt nicht das wahre Königreich,
denn klein sein, ist Größe,
nach innen wendet sich der wahre Blick,
zeitlos ist das Objekt der Prophezeiung,
und innerlich, hier und jetzt,
herrschen die einzigen Untergänge und Paradiese.
Doch der Kleine, der Arme, der Selbstlose,
der blind im Vater Verlorene,
der überflügelt euch,
wie die Ewigkeit die Zeit.

47
Jesus sprach:
Es ist unmöglich,
daß ein Mensch auf zwei Pferden reitet,
daß er zwei Bögen spannt.
Und es ist unmöglich,
daß ein Diener zwei Herren dient,
oder aber er wird den einen ehren
und den anderen verhöhnen.
Niemand trinkt alten Wein,
es sei denn, er verlangt sogleich neuen Wein zu trinken.
Neuen Wein gießt man nicht
in alte Schläuche,
aus Angst, sie könnten platzen,

und alten Wein gießt man nicht
in einen neuen Schlauch,
aus Angst, er könnte ihn verderben.
Man näht nicht einen alten Flecken
auf ein neues Kleid,
denn dadurch würde ein Riß entstehen.

Wer eins ist mit sich selbst,
kennt nur einen Meister.
Wer Licht ist,
kennt keine Finsternis,
wer Ungrund ist,
kennt nichts anderes.

Er sieht die Transparenz
der zehntausend Dinge
bis auf den Grund
des unergründlichen Vaters.

48
Jesus sprach:
Wenn zwei miteinander Frieden schließen
in ein und demselben Haus,
werden sie zum Berg sagen:
Hebe dich hinweg,
und er wird sich hinwegheben.

Wenn zwei eins werden
und im inneren Reich
das intime Haus entsteht,
wenn das ‹Ich› der Diener

des Vaters in ihm wird
und rein im Vater aufgeht,
dann wird das Unmögliche möglich
und ist bereits geschehen,
dann wird der Berg der Berg,
der er bereits im Vater ist.

49
Jesus sprach:
Selig seid ihr, Einsgewordene, Auserwählte,
denn ihr werdet das Königreich finden.
Da ihr aus Ihm hervorgegangen seid,
werdet ihr dahin zurückkehren.

Ihr Einsgewordenen, die ihr eins seid in euch
und in eurem Vater,
so wie ihr das Königreich gefunden habt,
so hat das Königreich euch gefunden,
das ihr niemals verlassen,
das euch niemals verlassen.

50
Jesus sprach:
Wenn die Menschen euch fragen:
Woher kommt ihr?
so antwortet:
Wir sind aus dem Licht gekommen,
von dort, wo das Licht aus sich selbst heraus geboren ist.

Wenn sie fragen:
Wer seid ihr?
so antwortet:
Wir sind seine Söhne
und die Auserkorenen des lebendigen Vaters.
Wenn sie euch fragen:
Welches ist das Zeichen eures Vaters, der in euch ist?
so antwortet:
Es ist Bewegung und Ruhe.

Was ist der Boden des Menschen,
es ist das Licht.
Was ist der Boden des Lichtes,
es ist das Wort.
Was ist der Boden des Wortes,
es ist der Ursprung.
Was ist der Boden des Ursprungs,
es ist der Abgrund.
Was ist der Boden des Abgrunds,
es ist der Vater.
Was ist der Boden des Vaters,
Bewegung und Ruhe,
Nichts und Alles,
Fülle und Leere,
Form und Formlosigkeit,
es ist und es ist nicht –
ein Ungrund.
Was ist der Boden von all dem,
es ist das Bodenlose.
Was ist das Bodenlose,
es ist der Vater,
es ist der Abgrund,

der Ursprung,
das Wort,
das Licht,
ein Mensch…

51
Seine Jünger fragten ihn:
An welchem Tag
wird die Ruhe der Toten eintreten?
Und an welchem Tag
wird die neue Welt kommen?
Er antwortete ihnen:
Was ihr erwartet, ist gekommen,
aber ihr, ihr erkennt es nicht.

Das Königreich ist keine Verheißung der Zukunft.
Wer das erwartet, hat noch nichts verstanden.
Das Königreich kommt nicht, es IST.
Es ist hier und jetzt in uns,
wir müssen es nur entdecken.
Innerlich ist das Königreich
in jedem Menschen.
Es ist der Mensch, dem das Königreich zusteht.

52
Seine Jünger sagten zu ihm:
Vierundzwanzig Propheten haben in Israel gesprochen
und alle haben durch Dich gesprochen.

Er sagte ihnen:
Ihr habt den Lebendigen, der vor euch steht, verlassen
und über Tote gesprochen.

In mir spricht der wahre Prophet.
Aber ich, ich lese und lese
und höre auf Splitter von außen.
Doch in mir ist der Ungrund vollkommen
hier und jetzt,
und auf ihn höre ich nicht.

53
Seine Jünger fragten ihn:
Ist die Beschneidung nützlich oder nicht?
Er antwortete ihnen:
Wenn sie nützlich wäre,
würde der Vater sie beschnitten
in ihrer Mutter zeugen.
Aber die wahre Beschneidung, die des Geistes,
hat ihren vollen Nutzen gefunden.

Zeremonien, Riten, Prunk:
was verbindet sie mit der Nacktheit des Vaters,
welchen Nutzen haben sie für den reinen Ursprung?
Aber ein Ritus, einsam und schlicht,
im eigenen Tempel der Stille,
führt uns zu selbstlosem Gewinn.

54
Jesus sprach:
Selig seid ihr, ihr Armen,
denn euch gehört das Himmelreich.

Armut bis in die letzten Winkel des Geistes,
befreit von Wünschen,
befreit von Eigenheiten,
befreit von der Armut selbst,
von der Leere,
vom Wissen,
vom Ungrund.

In diesem Nichts-Mehr erst
ist Platz
für das Königreich.

55
Jesus sprach:
Wer Vater und Mutter nicht verachtet,
kann nicht mein Jünger werden.
Und wer seine Geschwister nicht verachtet,
und sein Kreuz nicht so trägt, wie ich es trage,
wird meiner nicht würdig sein.

Löst die Bande mit der Welt
und macht euch selbst auf zu eurem Kreuz.
Laßt Vater, Mutter, Kirche und Brüder los,
seid nackt wie ein Neugeborenes,
und ihr werdet immer neu geboren.

56

Jesus sprach:
Wer die Welt erkannt hat,
hat einen Leichnam gefunden,
und wer einen Leichnam gefunden hat,
dessen ist die Welt nicht würdig.

Solange ihr die Welt nur als Welt betrachtet,
habt ihr einen Leichnam gefunden,
jene Welt ist euer nicht würdig.

Sobald ihr aber die Welt als Spiegelbild betrachtet,
wird in ihr der Vater reflektiert.
Diese Welt ist euch ebenbürtig.

57

Jesus sprach:
Das Königreich des Vaters gleicht einem Mann,
der guten Samen hatte.
Sein Feind kam in der Nacht
und säte Unkraut unter den guten Samen.
Der Mann ließ das Unkraut nicht ausreißen
und sagte:
Daß ihr nicht hingeht und das Unkraut ausreißt,
und dabei auch den Weizen vernichtet.
Am Tag der Ernte
wird sich das Unkraut schon zeigen
und man wird es ausreißen und verbrennen.

Die Zwietracht sät Unkraut
auf jedermanns jungen Acker.

Gebt acht, daß der gute Weizen
nicht zusammen mit dem schlechten vernichtet wird.
Laßt zuerst alles reifen.
Und wenn die Jahre
der Unterscheidung kommen,
dann erkennt das Unkraut,
sondert es ab
und vernichtet es.
Denn man muß zwei gewesen sein,
ehe man eins werden kann.

58
Jesus sprach:
Selig der Mensch, der gelitten hat:
er hat das Leben gefunden.

Laß mich das Leid annehmen
und mich dazu bekennen.
Gib mir mein Leid
und gib mich meinem Leid.
So steigt mein Leid zu meiner Quelle herab,
so wird es zum fremden Lächeln,
wenn es mit mir untertaucht
in des Ursprungs freudvollen Gestaltungen.

Denn wer nicht gelitten hat
und die tiefe Bedeutung des Leidens nie kennenlernte,
für den ist das Bodenlose
unvollständig.

Denn wer nicht gelitten hat
bis in den tiefsten Ursprung,
wo auch das Leid
seine seligen Keime offenbart,
der wird das Leid nicht besiegen,
und ihm wird die übersinnlichste Freude
verborgen bleiben.

59
Jesus sprach:
Schaut auf den Lebendigen,
solange ihr lebt,
damit ihr nicht sterbt
und versucht, Ihn zu sehen
und Ihn nicht sehen könnt.

Wachsamkeit ist die Quelle des Lebens.
Unachtsamkeit ist die Quelle des Todes.
Jenseits von Form und Fleisch
herrscht das Leben auch in euch,
unbestimmbar murmelnd.
Laßt euch hinabsinken in die Unterströmung des Lebens.
Laßt euch treiben auf dem Strom des Lebens
wach und wachend
im unentwirrbaren Netz,
das tiefer und tiefer sinkend
aus tiefer Tiefe aufsteigt.

60

Sie sahen einen Samariter
der, ein Lamm tragend,
nach Judäa ging.
Er fragte seine Jünger:
Was wird er mit dem Lamm machen?
Sie antworteten:
Es töten und essen.
Er sagte zu ihnen:
Solange es lebt,
wird er es nicht essen,
erst wenn er es tötet
und es ein Leichnam ist.
Sie sagten:
Anders wird er es nicht machen können.
Er sagte zu ihnen:
Ihr selbst, sucht euch einen Ort
der inneren Ruhe,
damit ihr nicht zu Leichen werdet
und man euch ißt.

Blinde Töter des Lebens,
Ichbezogenheit: Töter des Lamms,
das aus den Händen des Vaters empfangen wurde.
Ihr Töter des ewigen Vaters,
die ihr selbst zum Leichnam geworden seid,
wie könnt ihr dies wiederherstellen?

Taucht ein in die Stille der Ruhe,
taucht ein in die Strahlung eueres verborgenen Lichtes,
vielleicht könnt ihr das Leben retten
und werdet selbst nicht gefressen.

61

Jesus sprach:
Zwei ruhen auf einem Bett,
der eine wird sterben, der andere wird leben.
Salome sagte:
Wer bist du, Mann?
Hast du, der du aus dem Einen hervorgegangen bist,
nicht mein Bett benutzt
und von meinem Tisch gegessen?
Jesus sagte zu ihr:
Ich bin der, der hervorgegangen ist
aus dem, der gleich ist.
Mir wurde gegeben, was von meinem Vater kommt.
Salome sprach: Ich bin deine Jüngerin.
Jesus: Deshalb sage ich dir:
Wenn der Jünger leer ist,
wird er voller Licht sein,
aber wenn er geteilt ist,
wird er voller Finsternis sein.

Geknechtete Frau
auch du lehrst uns,
daß du aus dem Einen kommst
und wieder zum Einen zurückfindest.
Auch du, Schönheit,
bist ein Abbild des verborgenen Seins,
hervorgegangen aus deinem Gleichen.
Auch du bist Leere und geistige Wüste,
in der das große Lichtmeer
aus dem einen Abgrund emporquellt.

62
Jesus sprach:
Ich sage meine Geheimnisse
denen, die meiner Geheimnisse würdig sind.
Was immer deine Rechte tun wird,
deine Linke soll nicht wissen,
was sie tut.

Wer meine Geheimnisse ergründet,
dem fließen meine Geheimnisse zu.
An der Frucht seines Handelns
wird er nicht mehr hängen.
Aus dem Ungrund heraus handelnd,
weiß seine Rechte nicht mehr,
was seine Linke tat.

63
Jesus sprach:
Es war ein reicher Mensch,
der ein großes Vermögen besaß.
Er sagte:
Ich werde mein Vermögen dazu benutzen,
zu säen, zu ernten, zu pflanzen
und meine Speicher mit Getreide zu füllen,
damit es mir an nichts fehle.
So dachte er in seinem Herzen
und in derselben Nacht starb er.
Wer Ohren hat, der höre!

Ein reicher Mann betrachtete
seine zahllosen Besitztümer.

In ihm sagte die Stimme:
Auch ein Reicher
kann sich noch
zum Vater hinwenden.
Aber er hörte nicht und dachte:
Aus meinem Vermögen werde ich
das Doppelte und das Dreifache machen,
damit es mir an nichts fehle.
Dann starb er,
denn er war schon tot.

64
Jesus sprach:
Ein Mann hatte Gäste,
und als er das Mahl angerichtet hatte,
sandte er seinen Diener aus, um die Gäste einzuladen.
Dieser ging zum ersten
und sagte:
Mein Herr lädt dich ein.
Der Mann antwortete:
Kaufleute schulden mir Geld.
Heute abend kommen sie zu mir
und ich werde ihnen Anweisungen erteilen.
Ich entschuldige mich für das Mahl.
Der Diener ging zu einem anderen
und sagte:
Mein Herr lädt dich ein.
Dieser sagte zu ihm:
Ich habe ein Haus gekauft und brauche einen Tag.
Ich habe keine Zeit.
Der Diener kam zu einem Dritten

und sagte:
Mein Herr lädt dich ein.
Der Mann sagte zu ihm:
Mein Freund hat Hochzeit,
und ich werde das Mahl zubereiten.
Ich werde nicht kommen können.
Ich entschuldige mich für das Mahl.
Der Diener ging zu einem anderen
und sagte zu ihm:
Mein Herr lädt dich ein.
Der sagte zu ihm:
Ich habe einen Hof gekauft
und muß die Pacht einfordern.
Ich werde nicht kommen können.
Ich entschuldige mich.
Der Diener kehrte zurück
und sagte zu seinem Herrn:
Die, die du eingeladen hast,
lassen sich entschuldigen.
Der Herr sagte zu seinem Diener:
Geh hinaus auf die Straße
und bringe die mit,
die du finden wirst,
damit sie hier essen.
Die Käufer und die Händler
werden die Orte meines Vaters
nicht betreten.

Ungrund läßt sich nicht kaufen.
Der Vater hat keinen Preis.
Wer sich nicht selbst im Licht verliert.
wird niemals in das Licht eintauchen.

65

Jesus sprach:
Ein reicher Mann hatte einen Weinberg.
Er gab ihn Pächtern,
damit sie ihn bearbeiteten
und er aus ihren Händen die Ernte erhielte.
Er schickte einen Diener,
um von den Pächtern
die Frucht des Weinbergs zu erhalten.
Sie fielen über den Diener her,
schlugen ihn
und hätten ihn beinah getötet.
Der Diener ging hin
und sagte es seinem Herrn.
Sein Herr sagte:
Vielleicht haben sie ihn nicht erkannt,
und sandte einen anderen Diener.
Den schlugen die Pächter auch.
Da sandte der Herr seinen Sohn
und sagte:
Vielleicht werden sie vor ihm, meinem Sohn, Achtung haben.
Da die Pächter wußten,
daß er der Erbe des Weinbergs war,
ergriffen sie ihn und brachten ihn um.
Wer Ohren hat, der höre!

Pfennigfuchser, Raffer, Wucherer,
ihr, die ihr in euch den Vater
im Sohn ermordet,
den Ungrund im Grund.
Das Selbst ist euch fremd und stößt euch aus.

66
Jesus sprach:
Zeigt mir den Stein,
den die Bauleute abgelehnt haben:
er ist es: der Eckstein.

Unaussprechlich ist der Eckstein,
er ist der Abgrund.
Das wahre Haus
wird über der Tiefe erbaut.
Wirklichkeit, viel mehr bist du,
als Augen sehen können.

67
Jesus sprach:
Wer das All erkennt,
aber seiner selbst beraubt wird,
der wird des Alls beraubt.

Wer das All nur kennt,
aber nicht davon erfüllt wird
mit ganzer Seele
und in all seinem Tun,
wer nicht davon überläuft,
in wem das All nicht handelt, wenn er handelt,
und nicht die Ekstase füllt, die seine Ekstase sein kann,
der ist wie eine dürre Schale ohne Frucht.
Er kennt vergeblich,
auch wenn er alles gekannt hat.

68
Jesus sprach:
Seid glücklich,
wenn man euch haßt,
wenn man euch verfolgt,
und an der Stelle, wo sie euch verfolgt haben,
werden sie keinen Platz finden.

Wenn Haß und Verfolgung
euch nicht berühren,
so wißt, daß der Ungrund
euch bereits erfüllt.

Unberührbar ist das Selbst
und selig.

69
Jesus sprach:
Selig sind die,
die in ihrem Herzen verfolgt wurden.
Sie sind es, in Wahrheit,
die den Vater gekannt haben.
Selig die Hungrigen,
denn man wird den Magen dessen füllen, der es will.

Doch jeder Schmerz,
der aus der Erprobung erwächst,
öffnet in uns das Tor
zu unserem Seelengrund:
dort, wo die Freude
der Ursprünge herrscht

und das universale Wunder
unser Wunder durchtränkt.

Nur wer diesen Nicht-Hunger kennt,
wird einmal gesättigt werden.

70
Jesus sprach:
Wenn ihr das, was ihr habt, in euch hervorbringt,
wird es euch retten.
Wenn ihr das nicht in euch habt,
wird das, was ihr nicht in euch habt, euch töten.

Laßt in eurem Wissen
das Wissen um das Wunder wachsen
und das Wissen vor dem Wissen,
daß man dennoch weiß;
es wird euch retten.
Aber wächst diese Erleuchtung
in euch nicht,
dieses Wissen um das Nicht-Wissen,
so wird diese Wunde
euch vernichten.

71
Jesus sprach:
Ich werde dieses Haus zerstören,
und niemand wird es wieder aufbauen können.

Dich werde ich zerstören,
Haus aus Staub und Selbstbewußtsein
allein,
und nichts
oder niemand in dir
wird es wieder aufbauen.

72
Jemand sagte zu ihm:
Sprich mit meinen Brüdern,
damit sie die Sachen meines Vaters mit mir teilen.
Er antwortete ihm:
Mensch, wer hat mich zum Teiler gemacht?
Er wandte sich seinen Jüngern zu,
und sagte zu ihnen:
Bin ich etwa ein Teiler?

Unteilbar ist alles.
Ein einzig Ding ist alles.
Wie könnte ich teilen
Gut und Böse,
Für oder Wider,
Gestern oder Morgen.
Schaut auf den wahren Vater:
alles gibt er.

73
Jesus sprach:
Es ist wahr, daß die Ernte groß ist,
aber die Arbeiter sind knapp.

Bittet also den Herrn,
daß er Arbeiter zur Ernte schicke.

Endlose Ernte,
die sich selbst in uns erntet
und sich in uns ernten läßt.
Wie zögernd stehen wir vor dem Überfluß!
Sende uns dein Licht,
die Kraft und die Erkenntnis,
damit wir tieferes Leben ernten,
bis in die Wurzeln
deiner nimmer versiegenden
Offenbarungen.

74
Er sagte:
Viele stehen um den Brunnen herum,
aber es ist niemand im Brunnen.

Wage den Sprung in den Abgrund,
geblendet, verwundert und dich befreiend.
Löse dich von allen irdischen Fesseln,
verliere dich selbst und taumele ins Nichts.
Wer grenzenlos stürzt, ist schon grenzenlos geworden
und der Mittelpunkt von allem Seienden,
vom drehenden Rad,
das ihn regungslos macht
und eins.

75
Jesus sprach:
Viele stehen vor der Tür,
aber es sind die Einsgewordenen,
die ins Brautgemach eintreten werden.

O du, Einsgewordener,
du bist die Hochzeit,
die jede Zweiheit vereint.
Und während viele draußen warten,
bist du der Eine,
der die Schwelle
zur inneren Hochzeit
überschreitet.

76
Jesus sprach:
Das Reich des Vaters gleicht
einem Kaufmann,
der gerade eine Ladung Waren hatte,
als er eine Perle fand.
Der Kaufmann war klug,
er verkaufte die Waren
und kaufte die einzigartige Perle.
Sucht auch ihr euch den Schatz,
der nicht vergeht,
und der dort liegt,
wo die Motte ihn nicht zerfressen
und der Wurm ihn nicht vernichten kann.

Wer sucht nicht die Perle der Unsterblichkeit
und gäbe für ihren Besitz die Welt preis!
Bis er, sie findend, sie in sich entdeckt,
im Zentrum der Welt, die sie jetzt erleuchtet!

77
Jesus sprach:
Ich bin das Licht, das über ihnen allen ist.
Ich bin das All.
Das All ist aus mir hervorgegangen
und das All ist zu mir gelangt.
Spaltet das Holz – und ich bin da.
Hebt den Stein hoch:
dort werdet ihr mich finden.

Vom Ungrund aus sehe ich meinen Grund,
von meinem Grund aus den Ungrund.
Wer das gesehen hat,
der sieht!
Und in seinem irdischen Fleisch,
universell,
hört er das wissende Wissen:

Ich bin die Quelle, ich bin die Mündung,
ich bin der Abgrund, ich bin der Grund,
der Nadir bin ich und der Zenit,
die Ferne und die Nähe,
der Strom und auch der Fels.

Und wenn ich mich in mir selbst spiegele,
bin ich das Spiel,

in dem sich das Licht,
jenseits der Zeit,
selbst erschafft.

Ich bin der Vater,
denn
Ich bin.

78
Jesus sprach:
Warum seid ihr auf die Felder hinausgegangen?
Um ein Schilfrohr zu sehen, das vom Wind bewegt wird,
und um einen Menschen zu sehen, der edle Kleider trägt?
Dort sind eure Könige und die Großen der Erde,
sie tragen edle Kleider
und sie werden die Wahrheit nicht erkennen können.

Wozu die Welt erforschen?
Um eine Lilie zu sehen auf dem Feld
oder Salomon in seiner ganzen Glorie?
Verbindungen, die bald
vergehen.
Bestand hat nur das Königreich,
es lebt in euch allen,
in einem König oder einer Blume,
hier und jetzt.

79
Eine Frau aus der Menge sagte zu ihm:
Selig der Leib, der dich getragen hat
und die Brüste, die dich gestillt haben!
Er antwortete ihr:
Selig, die das Wort des Vaters gehört
und es in Wahrheit bewahrt haben!
Denn es werden Tage kommen, da ihr sagen werdet:
Selig der Schoß, der nicht empfangen hat
und die Brüste, die keine Milch gegeben haben.

Wenn Ruhm und Glorie
eurer Eigenliebe schmeicheln,
so werft sie von euch ab,
ehe sie sich gegen euch wenden.
Die wahre Sonne ist innerlich,
sie erstrahlt aus dem Wort des Vaters,
dort bestehen Ruhm und Glorie
in der Gnade seines immanenten Antlitzes.
Wer uns dann getragen hat oder nicht:
im Licht des alles erleuchtenden Ungrunds
sind beide
gleich.

80
Jesus sprach:
Wer die Welt erkannt hat,
hat den Körper gefunden,
aber wer den Körper gefunden hat,
dessen ist die Welt nicht würdig.

Wer nur die Welt kennt,
kennt den ephemeren Leib.
Doch wer den universalen Leib kennt,
kennt auch die wahre Welt.

81
Jesus sprach:
Wer reich geworden ist,
soll König werden.
Und wer die Macht hat,
soll ihr entsagen.

Zuerst wurde ich reich,
zuerst wurde ich König,
ich lebte meine irdische Wollust aus.
Dann erst, nach irdischem Gesetz befriedigt,
kehrte tief in mir die Entsagung ein,
und ich entsagte.

82
Jesus sprach:
Wer mir nahe ist, der ist dem Feuer nahe.
Und wer mir fern ist, der ist dem Königreich fern.

Unbesiegbares Feuer in mir
verbrenne, was mir an Trugbildern blieb,
und reinige mich davon.
Feuer des Vaters,
führe mich zu meiner Wahrheit zurück,
brenne aus mir heraus, was nicht brennen will,

laß mich mit dir brennen, wie mir verheißen wurde.
Feuer der Mutter,
mach mich zur heißen Glut deines weißen Schoßes,
vernichte und gebäre mich,
vermähle mich mit dir und mit dem Vater.
Meer von Feuer
laß mich nichts anderes sein als Feuer mit dir,
auf daß sich das unergründliche Königreich strahlend öffne,
hier in diesem Fleisch,
hier und jetzt
und zeitlos.

Denn ach, solange Feuer mich noch verbrennt,
bin ich noch kein Feuer.

83
Jesus sprach:
Die Bilder offenbaren sich dem Menschen
und das Licht in ihnen ist verborgen.
Im Bild des Lichtes des Vaters
wird das Licht offenbar,
und sein Bild wird vom Licht verborgen werden.

Zuerst sehen wir Schatten,
schwache Bilder der Wahrheit.
Formen und Farben verbergen vor uns den Grund,
doch in ihnen verbirgt sich
das Licht dessen, was wirklich ist.
Langsam enthüllt,
wird das Bild das Bild des Lichtes,
und dieses Licht wird das Licht des Vaters.

84
Jesus sprach:
An den Tagen, da ihr euer Ebenbild seht,
freut ihr euch.
Aber wenn ihr eure Urbilder sehen werdet,
die ursprünglich in euch waren,
die weder sterben noch sich offenbaren,
oh, wieviel werdet ihr dann ertragen!

Unsere tieferen Formen zu erkennen,
transparente Bilder zu unserer Wahrheit,
darauf freuen sich bereits inniglich
unsere geheimen Sinne.
Doch dringt durch die Finsternis der Formen,
durch den Schleier der Vermutungen
unverhofft die abgründige Vision,
ohne Ort, ohne Namen, ohne Form,
die Vision, in der wir alles erkennen;
dann wissen wir, mit Blindheit geschlagen,
in einer einzigen Explosion der Erkenntnis
um das Urbild, das wir sind,
um das Wunder, das wir mit dem Abgrund
teilen.

85
Jesus sprach:
Adam ist hervorgegangen aus einer großen Kraft
und aus einem großen Reichtum,
und er war euer nicht würdig.
Denn wäre er würdig gewesen,
hätte er den Tod nicht geschmeckt.

Mehr als Adam seid ihr, ihr Geliebten meines Vaters.
Alles wurde ihm gegeben,
doch er liebte sich selbst am meisten,
wurde zwei
und starb.

86
Jesus sprach:
Die Füchse haben ihre Höhlen
und die Vögel ihre Nester,
der Sohn des Menschen aber hat keinen Ort,
an dem er sein Haupt hinlegen und sich ausruhen kann.

Wer des Ungrunds ist,
wer des Lebens ist,
wer des Lichtes ist,
der hat das Licht, das Leben, den Ungrund,
aber kein Dach als Schutz vor dem Regen
und kein Nest als Schutz vor der Kälte:
die Welt stößt ihn aus.

Ihr Geliebten des Vaters:
nehmt dies mit Freude hin.

87
Jesus sprach:
Elend ist der Körper, der von einem Körper abhängt,
und elend ist die Seele, die von diesen beiden abhängig ist.

Wenn ein Körper nur einen Körper liebt,
was soll der Geist dann lieben?
Aber ein Körper ist mehr als ein Körper.
So liebt der Mann in der Frau den Ungrund,
so liebt die Frau im Mann den Ungrund,
wenn der Ungrund
beide
eingeholt hat.

88
Jesus sprach:
Die Engel werden zu euch kommen zusammen mit den Propheten,
und sie werden euch geben, was euch zusteht.
Ihr selbst, was in euren Händen ist,
das gebt ihnen
und bedenkt folgendes:
An welchem Tag werden sie kommen,
um zu empfangen, was ihnen zusteht?

Wissen ist kein Geschenk,
das überreicht wird.
Wissen heißt, schon zu wissen
aus derselben unergründlichen Quelle heraus,
die wir alle sind,
und die sich durch geteilte Liebe vertieft.

So geben wir, was der andere schon hat,
und so bekommen wir, was wir schon haben.

89
Jesus sprach:
Warum reinigt ihr die Außenseite der Schale?
Versteht ihr nicht,
daß der, der die Innenseite schuf,
auch die Außenseite geschaffen hat?

Das Äußere existiert des Inneren wegen,
der Körper existiert der Leere wegen,
das Nichts ruft das Etwas hervor,
in der Finsternis scheint das Licht.

Einesgleichen sind sie,
Ungrund beschützt sie beide.

90
Jesus sprach:
Kommt zu mir,
denn leicht ist mein Joch
und meine Herrschaft ist mild,
und ihr werdet Ruhe finden für euch.

Mein Joch kennt keine Sünde,
keine Strafe und keine Beschuldigung.
Nur einen Irrtum will es euch enthüllen
und das rechte Licht für euch vermehren.

91

Sie sagten zu ihm:
Sage uns, wer du bist,
damit wir an dich glauben.
Er antwortete ihnen:
Ihr erkundet das Antlitz von Himmel und Erde;
und den, der vor euch steht,
erkennt ihr nicht;
Und diesen Augenblick: ihr wißt ihn nicht zu würdigen.

Himmel und Erde erkundet ihr
und stoßt dabei auf undurchdringbare Mauern;
eure Augen hindern euch daran, zu sehen.
Öffnet euer drittes Auge und sucht nicht mehr,
alles ist da und kommt zu euch,
zeitlos euch selbst,
vollkommen und unbeschreiblich.

92

Jesus sprach:
Sucht, und ihr werdet finden.
Aber die Dinge, nach denen ihr mich
in jenen Tagen befragt habt,
habe ich euch damals nicht gesagt.
Heute will ich sie euch sagen,
und ihr fragt nicht danach.

Wenn ihr euch selbst erkennt,
werdet ihr eure Tiefe erkennen.
Wenn ihr eure Tiefe kennt,
werdet ihr euren Abgrund kennen.

Doch nur allmählich werdet ihr dies erkennen,
sucht und ergründet daher ohne Unterlaß.

93
Gebt den Hunden nicht, was rein ist,
sie könnten es auf den Misthaufen schleppen.
Werft keine Perlen vor die Säue,
sie könnten sie beschmutzen.

Doch seid vorsichtig wie die Wiesel,
denn nur dem Reifen öffnet sich die Tiefe,
nur der Wissende kann sie ergründen.
Werft noch keine Perlen vor die Verschlossenen,
denn sie würden sie
auf den Misthaufen schmeißen.
Sucht die Reinen,
denn für die Reinen
ist alles rein.

94
Jesus sprach:
Wer sucht, wird finden.
Und wer anklopft, dem wird geöffnet werden.

Doch wer sucht, der wird finden,
und wer anklopft, dem wird geöffnet werden.
Denn allen ist die Einheit
und für alle ist die Einheit.

Doch zuerst muß man anklopfen
und sich dem Offenen öffnen.

95
Jesus sprach:
Wenn ihr Geld habt,
verleiht es nicht gegen Zinsen,
sondern gebt es dem,
der es nicht zurückgeben wird.

Ihr, die ihr schon alles seid,
gebt nicht, damit man euch etwas gebe,
sondern gebt,
weil es das Geben nicht wirklich gibt.

96
Jesus sprach:
Das Königreich des Vaters
gleicht einer Frau:
Sie nahm ein wenig Sauerteig,
verbarg ihn im Teig
und machte daraus große Brote.
Wer Ohren hat, der höre!

Das Brot aus den Händen der Mutter
füllt jetzt den Raum meiner Hände,
füllt jetzt den Raum meines Hauses,
erschaffen und aus Hefe neu geschaffen
ist die ganze Schöpfung in mir zu Hause.

O göttliches Wissen,
wachse in mir und dehne dich aus,
und finde ich wieder die große Mutter,
dann laß sie mich durchdringen
und laß mich in sie eindringen so tief,
bis da, wo sie jungfräulich in meinem Ursprung lebt.
Ewige Frau,
daher stammt unsere Einheit.

97
Jesus sprach:
Das Königreich des Vaters gleicht einer Frau,
die einen Krug voll Mehl trug
und einen weiten Weg ging.
Der Henkel des Kruges zerbrach
und das Mehl rieselte hinter ihr auf den Weg herab.
Da sie nichts davon merkte,
konnte sie es nicht bereuen.
Zu Haus angekommen,
stellte sie den Krug ab,
und fand ihn leer.

Seid wachsam
auf dem langen Weg,
damit ihr eure Zeit nicht verliert,
damit eure Fülle versiegelt bleibt,
und euer inneres Sein,
euer Leben,
nicht unwiderruflich

zerrinnt,
irgendwann.

98
Jesus sprach:
Das Königreich des Vaters gleicht einem Mann,
der einen mächtigen Mann töten wollte.
Zu Hause zog er das Schwert aus der Scheide
und durchstach damit die Wand,
um zu sehen, ob seine Hand sicher genug sei.
Dann tötete er den mächtigen Mann.

Wenn die Erde den Himmel berührt,
und Feuer und Wasser sich verbrüdern,
wenn das Auge sich selbst sehen
und das Ohr sich selbst hören kann,
wenn der Umfang die Mitte ist
und der Kreis das Quadrat,
wenn das Gestern die Zukunft ist
und ein Sandkorn die Welt,
dann kommen die Berge zu mir
und ich verschlinge die Erde.

Wenn dann der Feind kommt,
spalte ich seinen Harnisch
mit dem Schwert des Nicht-Seins
entzwei.

99
Die Jünger sagten zu ihm:
Deine Brüder und deine Mutter stehen draußen.
Er sprach zu ihnen:
Diejenigen, die an dieser Stelle den Willen meines Vaters erfüllen,
sind meine Brüder und meine Mutter.
Sie sind es,
die in das Königreich meines Vaters eingehen werden.

Alle Mütter sind meine Mutter,
alle Brüder mein Bruder,
sie entströmen dem Vater,
unwissend sogar erfüllen sie seinen Willen.
Ohne sie gäbe es ihn nicht.

100
Sie zeigten Jesus ein Goldstück
und sagten zu ihm:
Cäsars Männer fordern Steuern von uns.
Er sagte:
Gebt Cäsar, was Cäsar gehört,
gebt Gott, was Gott gehört,
und was mir gehört, das gebt mir.

Was dem Kaiser zusteht, soll dem Kaiser gehören.
Was Jahve zusteht, soll zu Jahve zurückkehren.
Aber was dem Ungrund zusteht,
das gebt dem Ungrund.

101
Wer seinen Vater und seine Mutter nicht haßt,
so wie ich,
wird nicht mein Jünger werden können.
Und wer seinen Vater und seine Mutter nicht liebt
so wie ich,
wird nicht mein Jünger werden können.
Denn meine Mutter gebärte mich für den Tod,
aber meine wahre Mutter hat mir das Leben
geschenkt.

Irdische Mütter, seid nicht traurig,
daß ihr nicht ganz und gar die Mutter
eurer lieben Kinder seid.
Ihr seid zwar Glieder,
unersetzlich,
doch auch ihr wurdet gezeugt
von einer tieferen Mutter,
die unser aller Mutter ist,
Ursprung des Lebens und des Lichtes,
das uns bis in alle Ewigkeit
beseelt.

102
Jesus sprach:
Wehe den Pharisäern!
Sie gleichen einem Hund,
der im Futtertrog der Ochsen liegt:
Weder frißt er selbst,
noch läßt er die Ochsen fressen.

Immer wohnt in uns der Weltmensch,
immer herrscht in uns die dunkle Erde,
das Ich, die Selbstsucht und der Neid.
Der Richter, in ihrer Gewalt, ist rechtlos,
Ewigkeit, in ihrer Macht, wird Zeit.

103
Jesus sprach:
Selig der Mensch, der weiß
wo und wann die Räuber einbrechen werden,
so daß er aufstehen kann,
um seine Kräfte zu sammeln,
und seine Lenden zu gürten,
bevor sie hereinkommen.

Die Ichsucht ist überall,
sie wuchert in uns.
Tiefer müssen wir hinabsteigen,
bis in die Jahreszeiten der Mutter,
bis in die Nacktheit des Vaters,
die Milch des Ursprungs müssen wir trinken,
die Kraft, die uns gebührt.
Dann können wir,
die sieben Tore auflassen,
dann können wir
widerstehen.

104
Sie sagten zu ihm:
Komm, laß uns heute beten und fasten.
Jesus sprach:
Welche Sünde habe ich denn begangen
oder wovon bin ich besiegt worden?
Aber wenn der Bräutigam das Brautgemach verläßt,
dann ist es an der Zeit, zu fasten und zu beten!

Im Brautgemach
auf dem unsagbaren Bett der Einheit,
wenn nur noch das ist, was ist,
wie könnte ich da beten und fasten!

Doch würde ich zweigeteilt werden,
wieder zerrissen von der äußeren Finsternis,
dann könnte ich fasten und beten.

105
Jesus sprach:
Wer denn Vater kennt und die Mutter,
wird man *den* Hurensohn rufen?

Wer seinen unergründlichen Vater
und seine unergründlichen Mutter kennt,
ist nimmer der Sohn einer Hure,
auch wenn seine Mutter eine Hure war.

106
Jesus sprach:
Wenn ihr aus zwei eins macht,
werdet ihr des Menschen Sohn sein;
Und wenn ihr sagt:
Berg, hebe dich hinweg,
wird er sich hinwegheben.

Wer eins geworden ist,
den kann das Ich nicht mehr bedrohen.
Er ist nicht länger das Kind einer Frau,
sondern wurde wie Jesus zum Sohn des Menschen.
Die Welt hält seinen Geist nicht mehr gefangen.

107
Jesus sprach:
Das Königreich gleicht einem Hirten,
der hundert Schafe hatte.
Eins von ihnen, das Größte, verschwand.
Er ließ die neunundneunzig stehen
und suchte das eine,
bis er es gefunden hatte.
Nach dieser Prüfung
sagte er zu dem Schaf:
Ich liebe dich mehr als die neunundneunzig!

Das Eine ist das Schaf,
für das der Hirte seine Herde zurückläßt,
für das er sich sein Leben lang auf die Suche macht.
Das Eine ist der Schatz,
den wir besaßen und schon früh verloren.

Manchmal sehen wir das Eine wieder,
in einem Blitz
von blendender Gnade,
dann wird aus unserer Tiefe heraus die Welt zur Welt
und wir mit ihr,
wir wissen, wo wir finden können.

108
Jesus sprach:
Wer von meinem Mund trinkt,
wird wie ich sein.
Und ich, ich werde wie er sein,
und das Verborgene wird sich ihm offenbaren.

Zwei Münder trinken voneinander.
Zwei Münder? Nein, ein einziger Mund.
Zwei Geister durchdringen einander.
Zwei Geister? Nein, ein einziger Geist.
Zwei Wunder wundern sich übereinander.
Zwei Wunder? Nein, ein einziges Wunder.
Zwei Stillen erklingen ineinander.
Zwei Stillen? Nein, eine einzige Stille.

*Das ist das Pascha** *der Geliebten,*
das ist das Pascha der Gleichen.
Hier wurde erfüllt, was unerfüllbar schien,
hier wurde vollendet, was keine Vollendung kennt.

* Das Sakrament der Einheit

Dies ist das nicht gewordene Ehebett,
in dem sich das Verborgene offenbart.

Hier enden alle Worte.

109
Jesus sprach:
Das Königreich gleicht einem Menschen,
der auf seinem Feld einen verborgenen Schatz hatte,
von dem er nichts wußte.
Als er starb, hinterließ er das Feld seinem Sohn.
Der Sohn wußte nichts,
nahm das Feld
und verkaufte es.
Der Käufer kam
und fand den Schatz beim Pflügen,
und er begann, Geld gegen Zinsen auszuleihen,
an wen er wollte.

Die Offenbarung ist unvorhersehbar.
Manchmal ist jemand offen, ohne es zu wissen.
Manchmal verwendet das Eine einen Zufall.

Das Größte ist im Kleinsten enthalten,
ein Abgrund steckt in einer Falte
des Bewußtseins.
Aus einem undurchschaubaren Lichtstrahl heraus
glänzt das Selbst in uns.

«Kleiner als das Kleinste
leuchtender als das Unendliche» *
verborgen im Herzen
eines jeden Lebenskeimes.

110
Jesus sprach:
Wer die Welt gefunden hat
und reich geworden ist,
soll der Welt entsagen.

Man sagt uns:
entsagt der Welt.
Doch um der Welt entsagen zu können,
müssen wir sie
zuerst finden und besitzen.

111
Jesus sprach:
Die Himmel werden sich vor euren Augen aufrollen,
ebenso die Erde.
Und der Lebendige, hervorgegangen aus dem Lebendigen,
wird weder Tod noch Furcht kennen.
Wer sich selbst findet,
dessen ist die Welt nicht würdig.

* Aus: Kâthaka-Upanishad

In den Spiralen der Zeiten
entstehen die Welten und vergehen,
entstehen die Wesen
und taumeln in den Tod.

Dies alles gehört
zum Antlitz des Vaters,
ist Teil meines Antlitzes.
Wie könnte es mich lähmen?
Denn dies alles ist Leben,
und ich bin Leben aus Leben
und habe mich selbst gefunden
hier und jetzt.

112
Jesus sprach:
Wehe dem Fleisch, das von der Seele abhängig ist!
Wehe der Seele, die von dem Fleisch abhängig ist!

Die Zweiheit ist ein Geschwür, das uns verzehrt.
Wer Seele und Fleisch nicht vereinen kann,
sucht in jedem Extrem vergeblich
das Gleichgewicht.

113
Seine Jünger sagten zu ihm:
Das Königreich, an welchem Tag wird es kommen?
– Wenn man danach Ausschau hält,
wird man es nicht kommen sehen.
Man wird nicht sagen:

Schau, hier ist es!
oder: Siehe, dies ist der Augenblick!
Aber das Königreich des Vaters breitet sich über die Erde aus,
und die Menschen sehen es nicht.

Niemals werdet ihr dies vergessen:
das Königreich, es ist nicht morgen,
das Königreich, ihr seht nicht, wie es kommt.
Aber das Königreich des Vaters ist der Vater
und breitet sich
für alle Menschen aller Zeiten
hier und jetzt
über die Erde aus.

114
Simon Petrus sagte zu ihnen:
Mariham soll aus unserer Mitte verschwinden,
denn Frauen sind des Lebens nicht würdig.
Jesus sprach:
Seht: ich werde sie zu mir holen,
um sie männlich zu machen,
damit auch sie ein lebendiger Geist werde*,
euch Männern gleich.
Denn jede Frau, die männlich wird,
wird in das Himmelreich eingehen.

* Lebendiger Geist = zur Einweihung bereit. Um in das Königreich eingehen zu können, muß der Mann zur Frau und die Frau zum Mann werden, d.h. sie müssen zu einer Ganzheit werden, weder Mann noch Frau, sondern Eins.

Wenn der Mann zur Frau wird
und die Frau zum Mann,
dann finden sie in sich selbst,
jenseits ihres mythischen
Doppelbildes der Einheit
ihren wahren Ursprung,
das eine und einzige Urbild im Ungrund.
Dann sind zwei wieder eins,
wie es zeitlos ist.

O Zeiten, die ihr mich hört,
gebt der Frau dann ihren Platz
gleichwertig
über der Tiefe.

Literatur

Ausgangstext war:

Die Wort-für-Wort-Übersetzung des koptischen Textes von Y. Haas im *Evangile selon Thomas,* Collection Metanoïa, Marsanne, Montélimar 1979, sowie die darauf beruhende französische Übersetzung.

Verwendet wurden außerdem:

Ménard, Jacques-É., *l'Evangile selon Thomas,* Brill, Leiden 1975 (Nag Hammadi Studies 5).

Gnosis. Das Buch der verborgenen Evangelien. Hrsg. und übersetzt von Werner Hörmann, Pattloch Verlag, Augsburg 1989.

Leloup, J.-Y., *l'Evangile de Thomas.* Albin Michel, Paris 1988.

Grant, R.M. und D.N. Freedman, *Het Thomas Evangelie,* Het Spectrum, Utrecht/Antwerpen 1962 (Aula 87).

Het Thomasevangelie, Karnak, Amsterdam ²1980.

Freitag, K.E., *Het Evangelie van Thomas.* Theosofische Uitgeverij, Amsterdam 1966.

Pagels, Elaine, *De gnostische evangeliën,* Gaade, Amerongen 1980.

Anmerkung der Übersetzerin:

Ausgangstext für die deutsche Übersetzung war die von Erik van Ruysbeek bearbeitete niederländische Vorlage.

Folgende deutsche Ausgaben des Thomasevangeliums wurden zu Rate gezogen:

Apokryphe Evangelien aus Nag Hammadi. Vollständige Texte, neu formuliert und kommentiert von Konrad Dietzfelbinger. Edition Argo, Dingfelder Verlag, Andechs ²1989. S. 174–192.

Gnosis. Das Buch der verborgenen Evangelien. Hrsg. und übersetzt von Werner Hörmann. Pattloch Verlag, Augsburg 1990. S. 313–336.

Die geheimen Herren-Worte des Thomasevangeliums. Wegweisungen Christi zur Selbstvollendung. Erläutert von K.O. Schmidt. Drei Eichen Verlag, Ergolding ⁵1991.

Peter Sloterdijk / Thomas H. Macho (Hg.): *Weltrevolution der Seele. Ein Lese- und Arbeitsbuch der Gnosis von der Spätantike bis zur Gegenwart.* Erster Band. Artemis & Winkler, München 1991. S. 57–71.

Folgende Bücher von Erik van Ruysbeek sind noch erhältlich bei:

Leuvense Schrijversactie p/a Europees Poëziecentrum, Coutereelstraat 76, B-3000 Leuven.

- Voorbij dit duister licht, *Gedichte,* 1980.
- Van fysika tot metafysika, *Essays,* 1982.
- De engel en de klei, *Gedichte,* 1983.
- De vreugd behoort u toe/Esta alegria te pertenece, *Gedichte,* 1983.
- In de spiegel van de nacht, *Gedichte,* 1983.
- De ark en de ratten, *Roman,* 1984.
- De vreugd behoort u toe/Cette joie t'appartient, *Gedichte,* 1984.
- De magische cirkel, *Roman,* 1986.
- Het rijk van het midden, *Gedichte,* 1986.
- Raaklijnen van het licht *(Festschrift für Erik van Ruysbeek),* 1987.
- Over de vriendschap/De l'amitié, *Essay,* 1987.
- Bronnen van het nu, *Gedichte,* 1988.
- Wegen naar de ongrond, *Essays,* 1989.

Deutsche Ausgaben von Marcel Messing:

- Gnostische Weisheit in Ost und West, mit 10 Abbildungen, Walter 1992.
- Der Wald der Einweihung. Stirb bevor du stirbst. Ein mystischer Einweihungsroman, Drei Eichen 1992.
- Der Weg der Katharer. Dreizehn Gesänge eines Troubadours, Leibniz-Bücherwarte 1988.
- Herausgeber von: Von Buddha bis C.G. Jung. Religion als lebendige Erfahrung, Walter 1990.

C. S. Lewis (1898–1963), der unkonventionelle
Vermittler der christlichen Botschaft

C. S. Lewis

Über die Trauer

Mit einem Vorwort von Verena Kast

Dieser literarische Klassiker der Trauerarbeit ist mit seinen sensiblen Gedanken zu Schmerz und Verlust, Tod und Hoffnung ein aufrichtiger Begleiter in den schweren Stunden der Trauer.

C. S. Lewis

Gespräch mit Gott

Gedanken zu den Psalmen

«Mir ist das Wertvollste in den Psalmen der Ausdruck eben jener Freude an Gott, die David tanzen ließ – und von der wir hoffen, sie werde uns beim Lesen anstecken.»
(C. S. Lewis)

Klassiker der Meditation

Bernhard von Clairvaux
Das Herz weit machen
Kontemplation und Weltverantwortung

Thomas Merton
Keiner ist eine Insel
Betrachtungen über die Liebe

Katharina von Siena
Ich will mich einmischen in die Welt
Engagierte Briefe des Glaubens

Angelus Silesius
Der Himmel ist in dir
Von der Seelenlust mystischer Frömmigkeit

Edith Stein
Das Kreuz wie eine Krone tragen
Vom Geheimnis des inneren Lebens

Srī Rāmakrishna
Ein Werkzeug Gottes sein
Gespräche mit seinen Schülern

Ramon Lull
Vom Freund und dem Geliebten
Die Kunst der Kontemplation

Klassiker der Meditation

John Henry Newman
Dem Leben einen Sinn geben
Über den Weg, die Wahrheit und das Ziel

Kleine Philokalie
Betrachtungen der Mönchsväter
über das Herzensgebet

Meister Eckhart
Ewigkeit inmitten der Zeit
Gedanken eines Mystikers

Teresa von Avila
Wie mit einem Freund
Wege zum Gebet

Da gedachte ich der Perle
Thomasevangelium und Perlenlied

Simone Weil
Zeugnis für das Gute
Spiritualität einer Philosophin

Johannes Tauler
Das Segel ist die Liebe
Erfahrungen eines Gottesfreundes